U0668523

襄阳保卫战

抵抗到最后的失守

刘芝庆 著

主编 耿元骊
宋朝往事 系列

辽宁人民出版社

© 刘芝庆 2023

图书在版编目（CIP）数据

襄阳保卫战：抵抗到最后的失守 / 刘芝庆著 . —沈阳：
辽宁人民出版社，2023.1
（宋朝往事系列 / 耿元骊主编）
ISBN 978-7-205-10542-6

Ⅰ.①襄… Ⅱ.①刘… Ⅲ.①南宋历史事件 Ⅳ.
① K245.05

中国版本图书馆 CIP 数据核字（2022）第 152942 号

出版发行：辽宁人民出版社
　　　　　地址：沈阳市和平区十一纬路 25 号　邮编：110003
　　　　　电话：024-23284191（发行部）　024-23284304（办公室）
　　　　　http://www.lnpph.com.cn
印　　刷：北京长宁印刷有限公司天津分公司
幅面尺寸：165mm×235mm
印　　张：15.75
字　　数：190 千字
出版时间：2023 年 1 月第 1 版
印刷时间：2023 年 1 月第 1 次印刷
责任编辑：赵维宁
封面设计：乐　翁
版式设计：一诺设计
责任校对：刘再升
书　　号：ISBN 978-7-205-10542-6
定　　价：58.00 元

总　序

　　宋朝的魅力，势不可当，有越来越多的人爱读宋朝故事，这从"宋朝往事"第一辑所受到的欢迎程度也可见一斑。10位青年学者，以自身长期积累的学术优势，通俗而不媚俗、讲史而不戏说的独特风格，赢得了广大读者的认同。也因此，在辽宁人民出版社的支持下，我们延续前缘，继续组织撰写了"宋朝往事"的第二辑。

　　关于宋朝的一般性概括，在第一辑总序当中已经说过了。说过的话，多数情况下，理所当然不应该重复。但是下面这段话，是我们两次编撰"宋朝往事"的共同圭臬，所以请让我再次引用孟浩然的这一句"人事有代谢，往来成古今"，因为它最能代表我们的心情和缘起之思。我们就是想通过人和事两方面，与读者诸君讨论宋朝的独特之处。宋的风雅、宋的政事、宋的富庶，都体现在人和事之中了。没有那些独特的人，风雅不可见；没有那些风雅之士的行动，政事不可知；没有那些百姓的努力创造，富庶无可求。想要全方位地观察宋、了解宋、欣赏大宋之美，就请和我们一起来回首宋朝往事。

面对浩瀚宇宙，面对苍茫大地，面对漫漫人生，我们的内心常常涌起一种深远庄严之感，不由得想去探究和思考。这就是人之所以为人的根本，只有人类才渴盼了解自身，试图了解自己的过往。而有着世界上最长久、最多历史记载的中华民族，也算得上是更愿意了解自身历史的族群之一。与过去的历史人物、事件建立起属于我们自身的沟通管路，唯一的渠道和办法，就是读史。读其书，想其人，念古人或雄壮或卑微的一生，感慨万千，油然而生的一种复杂情绪自会弥漫胸间。这大概也是想了解历史、阅读历史的普通读者常有的心境。

不过世易时移，大多数非专业读者，基本已经不再能识读繁体字了，更不要说能较为畅达迅速地理解文言文。而处于压力极大的现代社会，人们的状态都是每日疲于奔命。让有阅读渴望的各行各业读者，都能重新从工具层面开始入手研读，实在是不可能的奢望，也是强人所难。但是满足爱读史的读者的渴求，也是我们这些从事专业研究的职业学者仍然不可忽视的职责所在。所以回首"宋朝往事"，提供一种虽然是"快餐"，但尽量做到最佳的"快餐"，就是我们这些职业学者试图为其他行业读者提供的一点微不足道的小贡献。

在第一辑基础上，我们再次选择了五人五事，同我们亲爱的读者一道，再次进入宋朝的天地时空。赵普、包拯、狄青、陆游、文天祥这五位代表性人物，就此进入了读者诸君视野。赵普是宋朝开国元勋，也是宋初文臣之中较为有名的一位。一生之中三次入朝为相，影响很大。世人知道他，多以那句"半部《论语》治天下"的典故。他长于吏道，善于出谋划策，"智深如谷"，开国大政，多依赖于赵普的策划。在我们已经了解赵匡胤的基础上，自然也要了解一下这位开国谋士。包拯在明清以后，已经成为中国古代清官的杰出代表，是为政清廉、公正执法、断案如神的象征，民间呼为"包青天"。以他为主角衍生出的历史演义、戏剧小说、电影电视剧等为数众多且历代相传。戏说虽然于史无证，却激起我们窥探历史上包拯究竟是何种模样的极大兴趣。狄青从一名出身低微的基层农家子弟应征入伍，一无权二无势，通过自己精湛的武功、高妙的指挥能力和优良的人品，以及在国家危难之际奋不顾身的突出表现，成长为接近权力巅峰的枢密使，是底层小人物逆袭的典型，后代小说家甚至以他为主角写成了诸多小说演义作品。传说狄青是武曲星下凡，与文曲星下凡的"包青天"一起享誉天下。陆游是伟大诗人和伟大爱国者，大多中国学生都学习和背诵过那首千古名诗《示儿》，他一辈子渴望北伐中原，收复失地，但是时代没有给陆游这样的机会。以南宋大历史，以宋金和战历史来做背景，我们才能发现一个真实的陆游。文天祥更是我们常常耳闻的人物，为了匡扶南宋这座将倾的大厦，妻离子散，家破人亡，但依然志向不改、视死如归。文天祥伟大的人格力量，在中华历史上铸就了一块无与伦比的正气丰碑，内化成为中华优秀传统文化不可分割的一部分。纵观文天祥一生，无负于"人生自古谁无死，留取丹心照汗青"的铮铮誓言。

　　与五人同时，就是我们常常想了解的"大事"。这些大事，在宋代历史上也极为关键。女主临朝、更化到绍述、宋夏之战、襄阳保卫战、崖山暮光，是我们观察宋朝、了解宋朝不可缺少的环节。宋真宗皇后，章献明肃刘皇后在历史上也是一个有名的皇后，关于她的故事，最著名的传说就是"狸猫换太子"了，而这只是个编造的谎言。事实上，刘皇后作为宋代第一位垂帘听政的太后，在她身上发生的故事远比"狸猫换太子"更加精彩。熙丰变法由神宗与王安石共同发起，最后到了神宗的儿子手上，却逐渐由改善宋代民生、行政、财政、兵政的大目标，转而成为朝廷清除异己与聚敛财富的工具，丧失了它的正当性，而这一切还是在继述神宗之志旗帜下进行的。借着更化到绍述之名，大宋这一艘漏水航船驶入了更加风雨飘摇的末路。而自宋建国起，宋朝与党项李氏一直保持着友好关系，西部边界也一直处于相对稳定的局面，直到李继迁公开与宋朝决裂。党项李氏逐渐壮大，并建立西夏，发展成为足以抗衡辽、宋的地方政权，宋朝西部边患几无宁日，他们之间漫长曲折的战争故事也陆续上演。宋元之间，襄樊大战则是南宋灭亡的关键。让我们一同进入宋末的历史世界，看看身处其中的人物如何抉择，观其言，察其行。在13世纪末的欧亚大舞台上，从全球视角，看看襄樊之战的前因、后果、始末、结局与影响。襄樊大战失败之后，元军继续南下，宋人多路义军闻风而动，试图收复故土，好不热闹。但元军一路直下，鏖战五十年，四川最终陷落。宋廷退守崖山，张世杰摆一字长蛇阵，决战一日，十万军民漂尸海上，南宋彻底灭亡。遗留的大宋忠臣遗民，或以生命为国尽忠，或以生命为国招魂，只留待我们后人唏嘘南宋的往事，或叹或悲或感慨。这样的五人五事，我们再次以立体形式勾勒了大宋面貌。让我们11个人继续努力，期待读者诸君与我们一起走进宋朝，在大宋场景之中，回味历史的波澜壮阔。

经过上一轮的磨合，与10位作者已经形成了默契相知。在辽宁人民出版社蔡伟编辑的再次鼓励下，我们继续承担了撰写工作。还是同样的希望，希望我们 11 个人的努力，能让您对真实的历史多一点了解。感谢陈俊达（吉林大学）、黄敏捷（广州南方学院）、蒋金玲（吉林大学）、刘广丰（湖北大学）、刘芝庆（湖北经济学院）、仝相卿（浙大城市学院）、王淳航（凤凰出版社）、王浩禹（云南师范大学）、张吉寅（山西大学）、赵龙（上海师范大学）等一众优秀青年学者（以上按姓名拼音排序）加盟此系列的撰述。虽然刘云军教授因为撰述任务太多未能参与，非常遗憾，但仍感谢云军教授在不同场合给予的大力支持！最后，亲爱的读者，我们一群作者贡献全力，希望能为您的读书生涯增添一点乐趣！让我们一起读宋，知宋，了解宋朝。

耿元骊

2022 年 8 月 18 日于开封铁塔湖

目　录

第六章

时也命也？众人无力可回天 / 202

楔　子

一、中国历史上的襄阳与樊城

在中国历史中，特别是宋元之际，有个颇为特殊也极为重要的战役，史家们称为"襄阳之战"，也是本书的主题。说它重要，是因为牵涉宋元两国的存亡兴盛；说其特殊，是因为战争加进许多特别的元素，例如新武器的使用、战略的部署、后世文学家的渲染改写等等。

不过，"襄阳"既是地名，也是泛称。"襄阳之战"云云，严格说来，应该是指襄阳、樊城一系列的攻防战。发生在咸淳三年（1267）到咸淳九年（1273），大概六七年间的战役。由于蒙古忽必烈在平定国内战争之后，储备多年，蓄势待发，知人善任，接纳许多中肯真诚的建议，终于南下发动攻击。此时，南宋宋度宗赵禥在位，年号"咸淳"，在《宋史》中被列入奸臣传的贾似道，大权在握，不可一世，这些主人和配角们，在宋末元初之际，上演了一幕幕的宫斗与军事剧。

襄阳与樊城，属于襄阳市，汉江中游的平原腹地。1949 年以后，襄阳和樊城合并，通称襄樊市。1983 年为地级襄樊市，2010 年更名为襄阳市。今天的襄阳市，是湖北省地级市，共辖 3 个市辖区、3 个县级市以及 3 个县，总面积约 1.97 万平方千米，人口是五百二十多万。从当代科技的卫星视角，我们直视地图，襄阳的地形，西边多山，山峰海拔在 1500 米左右。今日交通便利，有铁路有公路，自然无太大难题，想必古代在交通上不会太容易，但与巴蜀或是西北地区相比，依旧不算困难，更何况还有襄江通过，水陆交通等都可使用。

襄阳市的地形，相对来说，山区面积较大，平原面积较小，地势方面西北高而东南低，西部为山地，东部则多是低山丘陵。中部属于岗地平原，长山、扁担山、隆中山等山，横贯于中，北部有鄂北岗地，南部则是江汉平原的宜钟夹道。一般来说，汉水和唐白河流域，多是沿河冲积的平原，海拔大概在 90 米以下。

我们再往上看，襄阳的北方、东方一带，则多平原丘陵，地势较平坦。"便下襄阳向洛阳"，北方可通洛阳、许昌，会经过南召县，大概是秦岭山脉的边缘，接上南阳盆地。再向东边看去，则是今日的浙江、安徽一带，再往南也可下江西、福建一带。我们可以想象一下，如果说襄阳是人身体中的腰间地带，上下左右，东西南北，都是从此为起点，从襄阳到武汉这带，往东往南，便可从长江中游突破，控制东南地区。

正如韩茂莉在《军事地理视角下的中国古代历史空间进程》中的观点，三国以来，南北征战之地的冲突或是决战之地，就在秦岭、江淮一带，可见襄樊的重要性自古皆然。类似的说法，南宋刘一清的《钱塘遗事》就说：

襄阳是东南的脊骨，若无襄阳，南宋根本不可能立国，得襄阳，便可以通蜀汉而联系关辅一带。反过来说，失去襄阳，则南方朝廷可就真的不太妙，岌岌可危，万事休矣。

清代学者吴庆焘在《襄阳兵事略》中就直言，我们谈军事战略，谈历史地理，论及荆州，必定包括襄阳。关于襄阳的战略史事，从春秋到东汉，再到三国、东晋六朝，乃至于宋之南渡，史策具在，史事并见，实在是必须关注的重要之地。

襄阳，也是江汉平原和南阳盆地的重要交通枢纽。因此，对于北方政权来说，在先不考虑军队天气地形适应的情况下，得到了襄阳，就意味着拥有南下的便利，不论是西南，或是中南，主动权掌握在自己手上的；对于南方政府来说，能将襄阳控制在手，全力保护，便可以抵挡北方的攻击，行有余力，襄阳也是北伐的基地，进可攻，退可守。

反过来说，南方或北方，要是某方没有了襄阳，则军事行动必定大不便，连带也会影响情报的传递、战略的规划等等。

由于地理环境的缘故，襄阳、樊城始终是兵家必争之地，虽说历代行政区规划不同，大小有异，大致上来说，包括樊城在内的襄阳地区，地图呈四边形，虽不全符合形状概念，不规则处也不少，大体看来，仍是如此。

气候方面，今日襄阳属于湖北省，行政区域为市级，是亚热带季风气候区，冬寒夏热。

在进入本书主题故事之前，我们有必要先为读者勾勒地理地貌等诸多特色。首先，襄阳作为一个战略要地、历史名城，在史学与文学上，是如何呈现、刻画与叙述的呢？就考古资料来看，根据湖北省文物考古研究所、襄阳市文物考古研究所的《襄阳王家巷遗址春秋制陶作坊遗存发掘简报》，有关襄阳王家巷遗址、春秋制陶作坊遗存的发掘，可发现早在春秋时期，襄阳已有文明遗迹。王家巷遗址，位于今天的襄阳市樊城区王寨村王家巷自然村北，南距邓城城址约 600 米，地处汉水北岸的淤积平原中一条东西走向的低矮台地上。遗址东西长约 500 米、南北宽约 150 米。遗址上原有村民房屋和农田、菜地、苗圃，现为道路和商住楼。在 2008 年 6、7 月之间，相关考古人员进行抢救性发掘，共发掘面积 310 平方米。清理出春秋时期窑址 1 座、灰坑 13 座，汉代墓葬 2 座。根据研究，邓城城址及其周边，为西周晚期至春秋早期，古邓国都城所在的中心区，东侧的黄家村遗址，则为都城附属的大型遗址。邓国于春秋早期后段，即公元前 678 年被楚国所灭，自此之后，该区域即纳入楚国。

我们再以中国行政制度史来看，今日的襄阳，建于西汉初年，属于南郡。西汉后期，南郡下辖十八县，其中就有襄阳县。襄阳县，因处襄水之北，水北为阳，故称襄阳。"襄水""襄江""襄河"的关系，是否指同一处，史家还有争论，例如《明史》记载："襄阳倚……汉水在城北，亦曰襄江。"《读史方舆纪要》也说："襄河者，汉水自襄阳来也。"不管如何，"襄水""襄江""襄河"特指汉江襄阳段，或襄阳以下的河水部分地区。而襄阳县再往北，则是沔水，竟是古汉水，是长江最大的支流。

襄阳地区，土地丰饶，处交通要道，所以文人雅士，学者才子，或游走四方，短暂停留，或驻足此地，常住久留，因而人文荟萃。汉末天下大乱，张角黄巾起义，"苍天已死，黄天当立，岁在甲子，天下大吉"。自称"大贤良师"，与其弟张梁、张宝，自称"天公将军""地公将军""人公将军"，天、地、人云云，出自《易经》的《系辞传》与《说卦传》。外有黄巾之乱，内则朝纲不振，十常侍掌权，与何进等人斗得不可开交。又有党锢之祸，陈蕃、窦武、李膺、杜密、荀翌、翟超、刘儒、范滂等人，或处决受死，或坐穿牢底。

内忧外患之下，襄阳由刘表坐镇，倒也无风无雨，平平安安，招纳名士，收容党锢人物，聚集流亡人士，苟全性命于乱世。刘表更是文雅儒者，号称"八俊"之一，在中国学术史上有所谓的"荆州学派"，可见当时襄阳的人文风流。原本荆州治所所在地，为武陵郡汉寿（今天的湖南省常德市汉寿县），附近有强盗贼寇出没，屡禁不止，为了治安考量，后来刘表便将荆州治所迁移到襄阳，奠定了襄阳的重要性。

刘表死后，刘琮由蔡瑁等人推拱上位，刘表长子刘琦被排除出权力中心，于是投靠刘备、诸葛亮。《三国演义》写到这段时，仔细看作者笔法，精彩绝伦，原来曹操南下，刘备、诸葛亮等人商议之间，刘琦来见。刘备接入，刘琦一进来，又哭又拱手，说继母不能容我，性命只在旦夕，望叔父怜而救之。刘备曰：贤侄家事耳，外人难问，又何必问我？原文说诸葛亮在旁，"孔明微笑"。刘备又求计于孔明，孔明回答，刘备大人说得对，刘表家事，我们确实不方便说什么。孔明这一笑，尽在不言中，所以才有日后诸葛亮被骗（可能是故意的）上楼梯，刘琦撤走梯子的桥段。话说，刘备原本驻军新野，听闻曹军南下，急忙撤退，东联孙权，曹操不费吹灰之力，取得荆州，志得意满，自以为是，以为天下统一，将成由其手，创不世奇功，史上留名，历史记载上也将有此大人物好几笔。

曹操对于荆州的规划，则是把襄阳由县改郡，从南郡中分出襄阳，修建城池，独成一郡。襄阳郡、襄阳城，自此成为三国鼎立的重要战场、必争之地。诸葛亮理想中的"隆中对"，早就计划将来联手东吴，共同北上。刘备应该要外结好孙权，内修政理，静观天下大势。一旦有变，挑好时机，刘备亲率益州大军，出汉中，向长安逼近；还有一路大军，"则命一上将将荆州之军以向宛、洛"，襄阳便是其重要基地。

原本刘备入蜀，诸葛亮坐镇襄阳，可惜刘备入蜀计划有变，刘璋翻脸，庞统身死，战况不利，军心涣散。诸葛亮只好与张飞、赵云前往支援，留下关羽驻守。襄阳仍是多事之地。一方面，关羽与孙权、吕蒙等屡生龃龉，同盟联军感情生变。刘备取得汉中之后，孙权更是眼红不满，索取荆州不顺利，后经各种外交军事力量，才取回土地，心结早已种下。另一方面，曹操对此也是虎视眈眈，趁机分化吴蜀。关羽曾率军北上，一度生擒大将于禁，终于还是败在曹操、孙权之手，魂断异域。襄阳归属曹氏，直至魏末。晋朝建立，羊祜、杜预都曾任荆州刺史，襄阳都是他们重兵驻扎之地。

曹魏末年，钟会、邓艾平蜀。两年后，咸熙二年（265），司马昭病死，司马炎继位，赶走曹奂，接受禅让，改国号为"晋"。孙吴局势混乱，吴帝孙皓不修内政，又穷极奢侈，不得人心。晋咸宁四年（278），羊祜病重，临死推荐杜预代替自己，镇守荆州，襄阳城更是成为晋军屯兵南下之地。司马炎决定南下进攻，以贾充为大都督，上游王浚、唐彬军，中游杜预、胡奋、王戎军，下游王浑、司马伷军，多路并进，攻建业，灭东吴。三国时期结束，西晋时代来临。

其后八王之乱，东晋偏安。因为战乱，许多北方的士族大族纷纷南下，往往选择襄阳为安身之处。南北朝时期，襄阳聚集了不少北方士人，当时的行政区域规划与制度，有所谓的"侨置"，是东晋政府为了安置北方南下的流民问题，一方面是政治安顿，一方面也是为了户籍管理。八王之乱后，南渡的北方人往往被称为侨人或是侨户。为了方便管理这些人，把他们安排在固定地区，集中集合，是比较好的方法，东晋政府以原籍州郡县的方式，在现居住地，加上侨州、侨郡、侨县的称呼，就是史书上所谓的"侨置"。

北方人口到南方的居住地，南方原本郡县地名则是称为"土郡县"，土者，土著、土地、原地是也。为了政策推行顺利，有"侨置"，才能有户籍，方便管理造册，于是顺利登记"侨置"者，免除赋役。此举也有鼓励北方人多加申请、按实申报的用意。此时，襄阳因为"侨置"制度，出现所谓的"侨置雍州"，曹魏时期的雍州，其范围大概属于凉州黄河以东，以及司隶校尉部的长安与三辅，州治长安。襄阳被称为"侨置雍州"，由此可见南下移民的北方人户籍所在。所以当时若有人路过襄阳，与人聚会，酒过三巡，问这些北方来的人此地是哪儿。醉里不知身是客，误把他乡作故乡，可能会有人说出雍州的地名。

当时襄阳最有名的"土著"之一，是习凿齿，字彦威，知名文学家、史学家，襄阳人。习凿齿为荆楚豪族，流传多代，他的著作很多，《汉晋春秋》《逸人高士传》《习凿齿集》等等。其中《襄阳耆旧记》，以人物为主，专门记载襄阳有名望的学者专家、大族贵人、耆老名士等等。

"侨置"愈来愈频繁，人多复杂，牵涉更多，也就愈来愈混乱，政府决定废除，采取"土断"，将侨人户口，一律划入土郡县，人人都是原住民，不分新旧。隋朝统一之后，更是把侨置郡县全部舍弃。例如北周宇文一族，以关中平原的雍州为根据地，刚好就是东晋以来南迁的"侨置雍州"源起地，西魏大统十六年，掌权的丞相宇文泰、太师宇文觉及司空宇文护等人，曾趁侯景之乱，南朝梁政局不稳定，占领襄阳，把南雍州（也就是"侨置雍州"）改成襄州，设置襄州总管。毕竟雍州是自己的发家地，雍州只能有一个，更不可能在万里之外的南方，变成襄阳的一分子，于是襄阳不能再使用这个名称。

西魏北周改曰襄州，置总管府。短命政权隋朝统一之后，短暂沿用，后又改回襄阳郡。天下大势，合久必分，分久必合，隋朝灭亡，唐朝取而代之，唐朝还是称襄州，是一级行政区山南东道治所。唐代李吉甫的《元和郡县图志》就说，隋朝大业三年（607）为襄阳郡，唐朝武德四年（621）为襄州，天宝元年（742）为襄阳郡，乾元元年（758）复为襄州。《元和郡县图志》又记载，襄州，今为襄阳节度使理所。管州八：襄州、邓州、复州、郢州、唐州、随州、均州、房州，共有三十八县。不过民间称呼，往往还是"襄阳""襄州"不分，例如"前不见古人，后不见来者"的"吾爱孟夫子，风流天下闻"的孟浩然，号孟山人，以字行于世，唐代襄州襄阳（今湖北襄阳）人，又称孟襄阳。

　　只是，根据杨俊峰《唐宋之间的国家与祠祀——以国家和南方祀神之风互动为焦点》的说法，襄阳虽然重要，多是专指军事战略地位，特别是战时或是分裂时期。若是承平时代，则是另一回事了。例如在唐代官僚转迁体系中，南方如襄阳等地，往往不受重视，虽然比起岭南、福建、黔中等地，环境状况已是好上许多，但仍是边陲。唐代州县制度于唐玄宗时定型，州分府、辅、雄、望、紧、上、中、下八等，县分赤、次赤、畿、次畿、望、紧、上、中、中下、下十等。等级设计，是以两京为中心，四辅州与六雄州、十望州等要州夹辅两京，邻近三府的赤县、次赤县与畿县等地位较高。襄州，也就是襄阳，属于望州。望州是洛阳雄州外的第二圈城市，是洛阳周边重要性稍次的区域，生活经济水平，大概是连中央水准的一半都还没到。

　　严耕望的《唐代交通图考》，曾考证过唐代的荆襄大道，荆襄大道以陆路为主，经过骆曼《宋代襄阳与樊城的地理研究》整理，路线大概是，从襄阳城东十里东津，出襄阳，向东南水行四里，陆行六里，到桃林古馆（汉水一渡口），再向东南行进四里，至岘山，再沿汉水南行二十里，至鹿门山。往南行至疏口，沿汉水西岸南行至宜城县。又南行三十里，到古蛮城蛮城驿，再南行至乐乡县，又南行八十里至荆门县荆门驿，南行至团林驿，往南依次到达武宁驿、观风驿、白碑驿，再南行三十里至故纪南城。再南行十五里，就到了荆州治所江陵；荆襄大道的辅线则是：襄阳—南漳县—四望山—漳水—麦城东—江陵，或者于麦城东前，往乐乡至荆门，与主线相会合之后，前往荆州。

　　唐代中叶以后，藩镇割据，天下大乱，其后虽经过短暂的元和中兴，终究仍是昙花一现。换言之，安史之乱后，藩镇渐起，是中晚唐一大问题。当然，藩镇有诸多类型，藩镇也不等于割据，学界对此已有许多成果与共识。值得注意的是，正如仇鹿鸣《长安与河北之间：中晚唐的政治与文化》的分析，不论是藩镇对于中央政府，又或是藩镇本身，"骄兵化"的程度，日渐普遍加重，节帅常常通过更丰厚的赏赐，才能换取将士的支持，以防地位不保，或是对抗朝廷。可是开销愈多，需要愈大，奖励愈高，索求愈广，导致边际效应递减，欲望高涨。一旦供给不顺，难已填尽，藩镇对于朝廷，将士对于藩镇，不满就愈加深，更容易受到煽动，于是中晚唐藩镇，就常常在这种"政治性反叛"与"经济性骚乱"中，我们借用宇文所安（Stephen Owen）的书名，可以说是渐渐走向"中世纪的终结"。前者如河朔藩镇，后者如徐州银刀兵等等。

　　安史之乱后，整个帝国面对涌现的藩镇，不完全是盲目失当的举动，应该理解为，或许是唐代政府政策上的自我调整，正如李碧妍《危机与重构：唐帝国及其地方诸侯》所说，唐代在与藩镇的博弈之中，睽诸史料可以看到帝国通过不断地学习与调整，重新树立对藩镇的权威与控制力，也发展出了许多利用藩镇体制，为自身带来利益，手段更为灵活的治理理念。

　　此时山南东道的主政者，是梁崇义，统治今湖北西北部达十九年。史书上说他与田承嗣、李正己、薛嵩、李宝臣等人，互通声气，为辅车之势，据有襄汉七州之地，带甲二万，彼此联结根固，未尝朝觐。只是众人之中，梁崇义地最偏，兵最少，势力最弱，未能成太大气候。

唐末大乱，随之而来的是五代十国，群雄争鹿。宋朝统一之后，行政区划实行州、县制，在地方设置"路"，直辖于中央，在行政地位上高于府、州、军、监。至道三年时（997），全国分成十五路，后又陆续扩改为十八路，最后变成二十三路。宣和元年（1119）升襄州，治所仍在襄阳县，属于京西南路。辖境约是今天湖北省襄阳、谷城、南漳、宜城等地，名人雅士甚多，最有名的一个是米芾，祖居原为太原，后迁湖北襄阳，世称米襄阳。

北方掌权集团，从辽朝到金国，再到元代蒙古，靖康耻，犹未雪，襄阳依然是重中之重，始终占据重要地位。靖康之乱，南宋偏安，南北对峙，也是南宋有志之士企图"恢复"，也就是北伐计划中的重要基地。例如宋孝宗时期，陈亮的军备言论，颇引起一些舆论注意，虽然未被宋孝宗采纳。不过他的许多观点，影响甚大。陈亮的《中兴论》，包括《开诚论》《执要论》《励臣论》《正体论》等，共五篇。文中，他特地指出军事的重要性，南宋对于北方外族，更应该要注重奇与变。长江天险，事实上是南北方共有，但北攻南，往往不利，因北方不习水战。反过来说，南方北伐，也因为长江天险，粮食输送不便，后方补给困难。而这种地形，因为多是水运，缺乏变化，容易被敌方预判、事先准备。所以在军事谋划上，奇与变，更为重要。此外，战区的重心，应该在荆汉，湖北湖南地区，因为该处四通八达，往北，向东，朝西，甚至回到南方，都可以"控引京洛，侧睨淮蔡；包括荆楚，襟带吴蜀。沃野千里，可耕可守；地形四通，可左可右"。因此，襄阳城就成为重中之重，必须重兵防守，严加修备。此外，均、随、信阳及光、黄等地区，环环相扣，彼此支持，互通有无，进可攻，退可守，都是必须部署的军事地带。

陈亮建议南宋朝廷必须依照地理状况、环境特色，建筑防御性的设备，不论是堡垒，还是城堑，建设襄阳，都有助于南北攻防。在军事路线上，北方为了要防范我们这些措施，避免我方由此地区直进京、洛，就会增兵于附近如京、洛、陈、许、汝、郑等地，对手也因此兵力分散，难以兼顾。则我方战略就会灵活，进退攻守，都有更多的空间。

南宋宋理宗时期，南宋与蒙古联手，希望能扳倒金国。金朝覆灭之后，紧接着而来的，是蒙古与南宋两国关于战后胜利的谈判，包括领土划分的问题，其中又以河南地区最重要。蒙古军占领之后，考虑到天气适应以及后勤补给的问题，暂时撤退，河南地区则成了无人看守之地。

早在南宋与蒙古合作时，宋理宗就不只是想打败金国而已，他更想收复失土，北上中原。《宋史》说他以赵范为京河关陕宣抚使、知开封府、东京留守，又以赵葵为京河制置使、知应天府、南京留守，此之外，还任命全子才为关陕制置使、知河南府、西京留守。此类举动，政治意味明显，军事行动显然箭在弦上。稍早，宋理宗又发出诏令，说"河南新复郡县，久废播种，民甚艰食，江、淮制司其发米麦百万石往济归附军民，仍榜谕开封、应天、河南三京"。开封、应天、河南三京，都是宋朝故都，除了土地本身之外，政治文化的象征更是重要。可见宋理宗已经迫不及待，想要恢复祖宗旧业了。

宋理宗的信心也是有根据的，因为从潼关到黄河这条战线，南宋据此对抗金朝多年，各种军事设备工事颇为齐全。军队训练武装，也都不俗。可以据守，也可由此进攻，前进后退，都颇有余裕。

值得一提的是史嵩之，《宋史·史嵩之列传》："会出师，与淮阃协谋掎角，（史）嵩之力陈非计，疏为六条上之。诏令（史）嵩之筹画粮饷。"史嵩之是谁呢？他是史浩的孙子，他的叔叔，就是史弥远。史弥远倒台，并未影响史嵩之。其实史嵩之是颇为能干的，也有政治野心。他是宋宁宗嘉定十三年（1220）的进士，资历颇丰，曾任光化军司户参军、襄阳户曹、襄阳通判、京湖制置使、参知政事等等。最重要的是在端平入洛之前，他长期待在襄阳，负责军防等相关事务。史弥远在朝廷，史嵩之在襄阳，一中一边，时常交换信息，虽然未必就是党同伐异、狼狈为奸，但是彼此深知襄阳的重要性，既是对外也是对内的重镇，所以史弥远需要掌握此地信息，史嵩之显然做得挺好，满足了史弥远的政治需求。

宋理宗北伐，史嵩之深知不可，可是他对于襄阳军务，确实熟稔，所以宋理宗还是希望他参与，负责后勤补给等工作。主因在于襄阳的重要性太大了，必须要找熟悉其地其情的来负责，打仗才更有把握。

从上述襄阳历史地理、战略位置的概要可以看出，因为处于南北要冲，地位极为重要。清代人顾祖禹，综观古今大势，在《读史方舆纪要》里分析襄阳的重要性。他认为襄阳是长江上流门户，地处长江支流汉水中游，北方可通洛阳、汝南，西边则是进入川蜀之地，南下则是湖广，东边接连吴越，四通八达。顾祖禹说襄阳，可谓是天下的腰膂。中原有之，往下往东，可以并东南，东南得之，往北往西，亦可以图西北者也，所以说天下之重，便是位在襄阳也。

此外，若据孔令毓《〈襄阳守城录〉所见开禧襄阳守城战相关问题研究》的看法，襄阳城北是汉水，因此城墙北侧便是紧邻而建，具有先天的优势，广阔的河水，就是最天然的屏障护城河；而城池的南方，则是砚山；襄阳城的西侧是滨江地区，狭窄河长；比较平坦的土地，大概就是襄阳城东侧与汉江之间的平地，不过面积也不大。对于北方习惯骑兵马战或是陆军步战的人来说，地理形况颇为棘手，即便千辛万苦，渡了河，进而要攻城围城，战况胶着，一时间也难有结果，北方军必须把主力军队驻扎在襄阳城东南的平地。一来运输补给方便，二来也唯有此地才有较大量的生活营地。可是，这也造成了南方援军容易掌握动线，襄阳城守军可以把主力防守聚焦在某点方位，这对南方政权来说，实在是得天独厚的地理环境与军事优势，易守难攻。

也难怪襄阳为天下重镇。在历史上，襄阳发生的战事，大大小小，有数千场之多，可歌可泣，多少英雄人物在此发光或消殒，例如白起水灌鄢城、关羽与于禁的水淹七军、朱序与苻丕之战，还有岳飞收复襄阳失土、明末李自成襄阳之战等等，值得大书特书大写特写的，实在太多了。

前面说到，本书所谓的"襄阳保卫战：抵抗到最后的失守"，其实也包括了樊城。既然简单回溯了襄阳的历史，有头有尾，有始有终，我们也必须说说樊城。

樊城，目前是襄阳市辖下的市辖区。秦朝时置郡设县，樊城隶属于南阳郡。东汉建安十三年（208），曹操取樊城，又设置襄阳郡，樊城隶属襄阳郡，属其范围。西晋统一，八王之乱，东晋偏安。到了南北朝，北方政权西魏设置樊城县，樊城此时隶属河南郡。北周代西魏，又废樊城县，改设安养县。隋朝统一天下，结束分裂，不旋踵间，眼看他盖高楼，眼看他楼塌了，隋朝灭亡，唐朝立国。唐代天宝元年（742），安养县再度改名为临汉县，唐代永贞元年（805），邓城县取而代之，樊城为邓城县辖镇。宋绍兴五年（1135），撤销邓城县，并入襄阳县，樊城再度为襄阳县辖镇。

在地形上，襄阳城东西南环山，东北属于冲积平原，地势险要；而北岸的樊城地势平坦，视野也较开阔。与襄阳类似，在樊城发生的战斗，也不少。最知名的战役之一，是三国时期关羽的樊城之战。汉献帝建安二十四年（219），刘备接连取得益州、汉中，原来镇守荆州的诸葛亮、张飞、赵云等等，都已入蜀，此时荆州统帅为名将关羽，奉刘备命令，北伐曹操。第一站便是樊城，曹魏守将为曹仁，由于关羽军势头强猛，不容小觑，曹仁担心支撑不住，急忙派人向曹操求援，曹操先后派出徐晃、张辽、裴潜、吕贡等大将，南下援救，自己亦曾亲征。当然，众所皆知，事后的结果就是，虽然关羽一开始出师屡得利，水淹七军，长驱直入，声势浩大，打得曹操差点考虑迁都，以避其锋。虽然连战皆捷，对于后援补给等，关羽也不敢掉以轻心，尽量安排妥当，但是还是功亏一篑。孙权与曹操合作，由东吴吕蒙主事，出其不意，偷袭荆州，关羽后方尽失，孤立无援，最后退守麦城。一代名将，就此陨落，生命消失在历史舞台。

襄阳、樊城的历史简述，大概如上。回到宋元之际的襄阳大战，按照目前史家们对襄樊之战的理解与诠释，相较于此前蒙哥进攻四川，战况原本顺利，却在合州钓鱼城时，久攻不下，最后竟然身亡。当然，他到底是战死还是病死，至今未有定论。

蒙哥一死，军心涣散，后方立刻出现政争，各派人马都想争取领导权，兄弟之间，各率精兵互斗。当内斗终于平息可以攘外后，忽必烈准备多时，再度南下，于是才有了襄樊大战。这场战役的重要性，史家多以"南宋灭亡前的最重要的一战""元军统一中国的前夕"这样的角度来看。例如《宋史纪事本末》，就专门列出《蒙古陷襄阳》，可见其关键处与重要性。

中国历史地理上的襄樊如此，接下来我们再看看宋人历史记忆中的襄阳。

二、襄阳风云：宋人历史记忆中的战事

宋朝历史中，关于襄阳的几场战役，除了本书的主题之外，岳飞收复襄阳之战，也是宋朝的事，抑或是后世中国历史的记忆中让人难忘，并且时时被用为典故象征的重要战役。

在宋代历史中，关于襄阳的几番易手，每次出现变化，常常都是一番政治与军事上的动荡。例如金朝扶持的大齐政权，傀儡皇帝刘豫，字彦游，曾任宋朝河北西路提刑官，在与金朝交战时，曾弃职逃跑，后来又担任济南知府，再次遭遇金朝侵略。本来想重施故技，再跑一次，南下避乱，不料这次逃不出去了，金军围城，他杀了守城将领，举旗投降。自此被金朝政府看上，建炎四年（1130），金朝决定册封他为"大齐皇帝"，建都大名，在今天的河北省大名南边。扶持他上位，一来号召人心，二来政治宣传，

三来凸显自己的强大。刘豫为了向南方宣示自己的正统主权，还刻意为刘东、欧阳澈建庙立祀，二人死于宋高宗之手。刘豫用意在于表现宋高宗昏庸独断、杀忠谏之士的恶行。

绍兴二年（1132），金朝将刘豫由大名迁都汴京，也就是今天的河南省开封。刘豫配合金朝政府的策略，派儿子刘麟、侄子刘猊，还有原本为宋朝将领的李成、孔彦舟等人，磨刀霍霍，准备与金军一同南下，解决宋朝。绍兴三年（1133），金朝与刘豫的军队整顿军备的消息，南宋政府早就得到情报，反客为主，后发先至。南宋政府的军事会议上，左仆射吕颐浩建议宋高宗，与其被动对战，不如主动化危机为转机。据情报显示，北方傀儡刘豫政权，不得民意，国已不国，民不聊生，人心惶惶。南宋政府决定抓准时机，出师北伐，收复中原故土失地。

襄阳的重要性，在此显示。南宋政府先命令襄阳镇抚使李横，会合河南府，孟、汝、唐州镇抚使翟琼，两人会师，齐心协力，联合北上，对付刘豫。一开始，不论是事前准备的联系工作，还是战事中持续不断的反间策反，都颇为顺利，许多该地的将领纷纷投向宋军，例如牛皋、彭玘、赵起、董先、张玘、董震等等。宋军士气大振，相继收复汝州、颍昌府、唐州、信阳，大概是今天河南省汝州、许昌、唐河、信阳市一带；翟琼军也颇顺利，长驱直入，军队浩浩汤汤，前进到了郑州与京兆（今天的西安）一带。随着战事紧绷，两人军队的弱点也暴露出来，粮食不足，军备差劲，徒有声势，缺乏实力，短期得利，却难以持久。终于，刘豫与金朝联手，进行反击，在东京附近的羊驰岗，击败李横等军。北方军队，一鼓作气，刘豫更是乘着南宋军败，襄汉地区防卫空虚，动荡不安之际，命令李成率军南下。

南宋军队，本欲北伐，反被南征，被相继攻占邓州、随州、郢州等地，襄阳也沦陷北方。襄阳失守，可不同于其他地方，等于把战略要地拱手送人，失去先机，长江的防线产生缺口；反过来说，襄阳如果被敌人控制，等于西入川陕之地的通道被敌方遏阻、紧紧抓住咽喉。所幸宋朝命不该绝，岳飞上书，看清时势，希望能收复襄阳，夺回控制权，宋高宗同意了岳飞的建议，虽然并不抱有太大希望。毕竟当时南宋政府内部还有许多问题，主战与主和，议论纷纷。而宋高宗的皇位还不是太稳，随时有可能发生变化。

在内忧外患夹击之下，宋高宗认定，如果可以以战求和，已是大佳，所以他虽支持岳飞的上书，但希望他能收复六郡即可，不必太超过，不要太刺激对方，见好就收，保存实力。为策应和支援岳飞，宋高宗还派淮东宣抚使韩世忠，驻兵泗上，作为疑兵，以分散敌人注意力，又命淮西宣抚使刘光世出陈、蔡二州，首尾通气，互相声援。

后来的故事，想必诸位读者也耳熟能详了。绍兴三年（1133），岳飞攻下郢州（今天湖北省钟祥）。随后立马分兵两路，命部将张宪、徐庆东攻随州，自己率主力沿汉水北上，直取襄阳。果不其然，没多久就传来佳音捷报，襄阳失而复得。当然，岳飞随后的故事，他与宋高宗、秦桧的恩怨情仇，宋金签订了《绍兴和议》、宋高宗找机会处死了岳飞，并杀害其子岳云、部将张宪于临安等，这又是另一段历史了。

　　岳飞的成名之战，收复襄阳六郡，在南宋人的历史记忆中，已是根深蒂固。人们讲起襄阳，说到故国故土，脑中浮现的也往往是这个画面。七十多年后，韩侂胄为了北伐顺利，嘉泰四年（1204）春夏之交，南宋政府决定在镇江府为韩世忠建庙。一个月后，宋宁宗赵扩下诏，追封岳飞，称为鄂王。南宋叶绍翁《四朝闻见录》还记录了追封的全文，意涵丰富，值得我们细读。此文作者为中书舍人李大异，文中把岳飞比为汉朝击败匈奴、斩首万余人的名将霍去病，以及东晋名将——北伐获得胜利、不幸功败垂成"闻鸡起舞"的祖逖。同样都是用民族大义，抵御外族侵略的象征方式，将二人并列。

　　这几个人，相信读者耳熟能详，几乎已是中国历史的代表人物之一。他们在历史记忆中，往往就是抵抗入侵的名将、爱国志士。当然，将抗金与民族二合一，我中有你，你中有我，混淆不分，自然也是因为区别"自我"与"他者"之后的产物。立庙、封追，这种象征宣示的举动，明显是企图在过往历史中，找出一些主题或主线，刻意塑造，焦点凸显而背景含糊，藉此正当化、强化现有当下的选择。把荣耀送给过去的他们，其实也就是为了肯定目前的行为——开禧北伐。韩侂胄的举动用意，当时人看得很清楚，叶绍翁《四朝闻见录》就说韩氏（韩侂胄）打算兴师恢复，动员军队，北上开战，所以才首封鄂王（岳飞）以为张本，追封全文中有"作三军之气"与"修车备器"之词，都是因为这个缘故。

　　韩侂胄的开禧北伐，北方的金章宗早就从情报得知了。他准备招降四川的吴曦，招降书写得文辞并茂，入情合理。书中把吴曦比作岳飞，一个岳飞，却被两国不同的立场各自表述。金章宗说他们两人同样忠肝义胆，深明大义，都是历史上伟大的人才。重点是，金章宗提醒吴曦：前车之鉴——岳飞尽忠为国，结果身死后冤，可见对宋朝、对赵家尽忠，还不如多为自己想想。人不为己，天诛地灭。更何况，阁下（吴曦）在蜀汉已是一方之霸，根本不须向人低头。与其听人命令，还不如与兄弟金国合作，共成霸业。

开禧之战，韩侂胄机关算尽，仍旧失败。本欲北伐，反被南征，金军南下诸路，其中就有襄阳。若根据南宋赵万年《襄阳守城录》的记载，此时南宋守将赵淳，措置多方，出奇制胜，倒是为南宋政府挽回不少颜面。此时赵万年为其幕僚，所见所闻，多有录下。此书中，记载南宋军巧妙地利用襄阳城的地形优势，因为金人南下，本来是计划乘船渡江，不过，南宋军队早就猜到金朝的做法，有所因应对策。金军无论是搭乘舟船、搭建浮桥，甚是打算采步行方式涉水过江，都遇到了困难。南宋政府，长期与北方抗战，深知自己的水上战略与经验，以及水军实力，远较北方强大。关于水军，是宋元的襄樊之争，也是本书的主题之一，后面还会详细谈到。

总之，南宋在地理、水运、水军上，占有优势，南宋巧妙地利用河流进行防守，若可掌握机会，常常也能适时反击。例如襄阳城周边的汉水，河段情况颇为复杂，河道颇宽，河水却不深，而且有沙洲分布，有的地段河水较浅。南宋军依据过往情况估计，金军渡河，或在浅江上抢滩，或是利用比较深的河水处乘船，南宋掌握情报与消息，往往能事先估计对手的位置，先发制人；南宋的地理优势，又非如此而已，他们更是善用水道、林道，在夜间突袭、劫寨，或放火，或水淹，或虚张声势，或无事生非，出其不意，攻其不备，持续骚扰，金军防不胜防，颇为困扰。大体来说，从《襄阳守城录》来看，金军渡江之后，其实并没有将大军全部驻扎、移防在汉江以南，真正的主力军队还在汉江以北。所以南宋军虽然打了几场小胜仗，基本上还是处于守势。南宋军队的反击，多数还是偷袭、劫寨，或是用火攻对方粮草辎重等等。

此外，襄阳城外的居民，早早就被南宋政府强制迁入城内，遗留的建筑物与居所，不但成了金军攻入的阻力，也方便南宋军队埋伏、打游击，使用各种战术，让金军颇为意外，一时间感到棘手。这些经验，后来也被援引，运用到南宋与蒙古军的襄樊之战中。关于战况与战术的细部问题，也是本书的主题，后面会有更多的说明。

当然，时移世易，内忧的人事问题，也因为战略规划的失策，韩侂胄的开禧北伐终究失败了。韩侂胄也在玉津园被乱棒打死，他下台了。不过，有人失望，就代表有人希望，几家欢乐几家愁，等着上位的可多了。

而金朝的黄金期早已不再，国势下坡路也走了很久，蒙古崛起，与南宋合作，共同灭金。端平元年（1234），蒙古攻陷金朝的蔡州，不可一世的金朝，正式灭亡。金哀宗的遗骨，被南宋军队送到太庙，南宋政府大张旗鼓祭祀，场面盛大，告慰宋朝历代先人。

金朝覆灭之后，紧接着而来的，是蒙古与南宋两国关于战后胜利品，包括领土划分的谈判问题。其中又以河南地区最重要，蒙古军考虑到天气适应以及后勤补给的问题，暂时撤退，河南地区无人看守。其实，早在南宋与蒙古共同携手时，宋理宗就不只是想打败金国而已，心中更有他求，宋理宗就是想收复失土，北上中原，恢复祖宗旧业。而河南地区成真空状态，宋理宗就打算见势出击，一举收复旧地。《宋史》说他的盘算与行动，是以赵范为京河关陕宣抚使、知开封府、东京留守，又以赵葵为京河制置使、知应天府、南京留守。除此之外，还任命全子才为关陕制置使、知河南府、西京留守。此类举动，政治意味明显，宋理宗不安于室，想要搞事情，来弄场大的了，军事行动显然箭在弦上。稍早，宋理宗又发出诏令，说河南新复郡县，久废播种，民生甚为艰食，所以政府要求江、淮制司，发米粮麦谷等百万石，前往救济归附军民，"仍榜谕开封、应天、河南三京"。开封、应天、河南三京，都是宋朝故都，除了土地本身之外，政治文化的意象意味，更是非常明显，仿佛是告诉当地人民：你们曾经的领导，要回来了。可见宋理宗已经迫不及待想要恢复祖宗旧业了。

端平元年（1234）六月，宋理宗向北方宣战，立志恢复旧土，还我河山，正式出兵。南宋周密的《齐东野语》记载当时情况，民生凋敝，流离失所，颇为不堪，军队行军途中，经过蒙城县，大概是今天安徽省西北部的地方。蒙城县当时有两城相连，城中人民不到百人，一无所有，一穷二白。城外风景没啥好看的，倒是白骨相连，仅存的人民骨瘦如柴，眼中见不到希望，苍蝇蚊虫都在脸上飞啊飞的，情景相当骇人。《齐东野语》又说端平入洛，赵范兵败之后，朝廷命赵范为龙图阁学士，依旧掌管府事、节制两淮巡边军马。宠任亲信依旧，理由是赵范在荆襄任事许久，熟悉地理人事，在地方上颇有信望。或许也因为如此，赵范过于自信，觉得就算北伐不成，防守绝无问题。自我感觉过度良好，宠用亲信，亲信又接着乱搞，荆襄一带，秩序混乱，民讼、边备，逐渐废弛，既内斗且内讧，自己人看自己人不满，互相倾轧陷害。许多比较清醒的幕府人员，虽不作恶，也不阻止别人干，虽不贪污，也不阻止别人拿。袖手旁观，明哲保身而已。

结果，许多投降宋军的降军，得不到赵范的信任，又时时被怀疑，赵范觉得他们会出卖南宋，他们觉得赵范会牺牲自己，彼此都觉得对方是卖国贼，都不爱国，都想着会害到自己。上下交相骗，屡有互斗，互看不爽。例如杨侁与郭胜，二人不和，多方猜忌，互相告状，南宋政府也难辨谁是谁非；又例如王旻招收的许多降军，特别是所谓的"克敌军"遭受到许多不平等的对待，心有不满。

外患仍在，内忧持续，南宋政府的散沙状态，也因此给了蒙古军机会，端平二年（1235），蒙古军趁势南侵，夺了不少地区粮饷马草，同年退兵，情势并未好转。结果，端平三年（1236）十二月二十日，发生了这样的事，根据《齐东野语》的说法，李虎是朝廷遣祺江都统，军队又号"无敌军"，进驻襄阳府，协助南宋军，北防蒙古。此时谣言满天飞，传闻"无敌军"是要来除掉"克敌军"的，绘声绘影，仿佛百分百确定似的。王旻对驻防安排显然不满，因为有降军"克敌军"在手，实力大增，有点飘飘然，自满上了头，妄自尊大，与李虎不和。"克敌军"与"无敌军"，更是水火难容。赵范搞不清楚状况，或是被蒙在鼓里。某次晚宴中，众人大醉，达旦而罢。隔天"克敌军"按照计划，放火搞事情，劫掠烧杀，摆甲露刃。赵范见事情不妙，难以收拾，在城墙上看到王旻，正要叫他上来，问个清楚，一旁的李虎也见到了，新仇旧恨，涌上心头，立刻大喊斩了王旻，话音未落，王旻身首已断，已被乱刀砍死分尸。赵范下令，歼灭"克敌军"，要他们团进团灭，结果箭雨交加，刀刃齐上，多惨死，叛军还是逃了不少。也因为襄阳内乱，敌我难分，一时间不能平息，赵范等人只好收拾细软，尽快出逃。城中百姓也因为军队烧杀掳掠，家破人亡，或逃或死，哀号遍地。

蒙古军一看，喜不自胜，本来不好打，如今你们自己内斗，连打都不用打了，是送上门来了。于是，宋军兵败如山倒，自己被自己人打败，从岳飞收回襄阳以来，如今襄阳再次失守。因为襄阳实在太重要了，失守后不到一年的时间，南宋京西南路的一府八州军，有七个州军全部沦陷。

故事还没结束，襄阳虽然没有了，所幸状况并没有太久。若根据李天鸣《元军的水陆协同三面夹击水战战法》的观点，蒙古军当时虽得到了襄阳，却无法久留，也没有据守的打算。原因是他们擅长草原骑兵，冲锋陷阵式马战、骑兵战。蒙古军对南方多山多水、唯见长江天际流的战场，显然还没有适应，训练与熟悉度都还不够，所以很快就放弃了襄阳。毕竟蒙古军评估，目前状况，可攻而不可守，不争当下，不抢朝夕，毕竟来日方长，留待日后，未来才是决定胜负的日子。

南宋政局虽乱，还是有明眼人、有志之士，他们很清楚，襄阳太重要了，牵涉到南宋国运命脉、存亡安危。例如孟珙和李曾伯，先后经营襄阳，从嘉熙三年（1239），孟珙以京湖制置使之职，而天佑南宋，运气此时显然在南宋这边，蒙古军队中路军的主帅阔出，忽生重病，不治身亡，也给了南宋机会，简直是天上掉下来的礼物。于是连败蒙古军，恢复湖北各州郡，并建议朝廷加派十万大军，协助襄阳的防务工作，到咸淳四年（1268），再到咸淳九年（1273），这二三十年之间，襄阳的防务始终稳固，也是南宋得以苟延残喘的关键。

最后，正如本书的主题所示，当襄樊大战结束，南宋终于失去襄阳之后，五六年之间，从抵抗到失守，败不旋踵，兵败如山倒，南宋就此灭亡。

三、襄樊之战何以关键？

孟珙和李曾伯与襄阳的故事，与本书主题息息相关。可以这样说，如果没有这几人对于襄阳的辛苦经营，襄樊之战的结果或许会更快出现，南宋败亡会更迅速。这个部分，后面还会谈到，此处先按下不表。

襄樊之战，为何关键？虽说此战之后，还有五六年时间，南宋朝才"正式"灭亡。可如果说这是南宋存亡的重要战争，胜者存，输者亡，相信也是不为过的。

首先，樊城与襄阳隔汉水相望，互为掎角，若能互相掩护支援，则防卫能力事半功倍，防守方信心也会大增。对此情况，南宋与蒙古双方都心知肚明。《元史》就记载，蒙古军大将史权就曾讨论，襄阳与樊城，孰先孰后？先攻襄阳，若是围而不攻，则耗时费力，运输补给难免会有些问题。若是全力进攻，则襄阳城池甚固，一时之间，并不容易拿下；反之，若是不要太执着大城，则樊城较小，军队较少，阻力也较轻，相对于襄阳，进攻上容易得多。只是相较于襄阳，樊城的战略地位、地形优势、地理环境，都小很多，用处也少很多。攻襄阳，或取樊城，各有支持者，但显然先取樊城，后得襄阳，此等意见渐渐获得同意支持，成为主流。这也是阿里海牙与刘整的看法，这些人对于本书主题颇为重要，后面几章还会再谈到他们。

不过，樊城、襄阳的轻重，在蒙古军的规划策略中，是非常清楚的。襄阳为重，樊城为轻，襄阳大，樊城小，后者只是迈向前者的中途点而已，所以当蒙古军决定全力进攻樊城时，他们目标很清楚，意在言外，得鱼忘筌，取樊城，进而对襄阳守军产生威吓与警告作用才是目的。多数研究者较关注襄阳之战的惨烈，谁战死、谁投降、谁被灭、谁幸存、谁舍身、谁取义等等，讨论甚多，影响所及，对于文学作品如金庸《神雕侠侣》，也对襄阳之战着墨甚深，不遗余力地描写其战况。其实真要说到斗争之惨烈，樊城之战与襄阳相比，不惶多让，甚至可谓有过之而无不及。更重要的是，从结果来看，蒙古军队对待樊城，几乎是毫不犹豫地屠城。樊城守将兵败被俘者，寥寥无几，多数人几乎都是战死，主要也是蒙古军不留情面，毫无保留地全力进攻。

当然，这么说，并不是说樊城比襄阳重要。襄樊之战，襄阳城知名度远大于樊城，除了地理与战略的名气之外，许多作品的描写，刻入人心，也是影响深远，前面提到的金庸小说《神雕侠侣》便是最好的例子。

《神雕侠侣》，是射雕三部曲中的第二部，男一杨过，男二郭靖，女一小龙女，女二黄蓉。其中男二女二，则是前部《射雕英雄传》的男女主角，当时还是青年男女，到了《神雕侠侣》，已是成家立业的社会中坚、中年人生了。《射雕英雄传》与《神雕侠侣》主要是描写郭杨二家三代的恩怨情仇，又牵涉到金蒙宋的家国情怀、国族存亡，既是文学，也是历史。而《神雕侠侣》作为武侠小说，自然也会有关于武学竞技、武侠精神的描写，降龙十八掌、龙象般若功、黯然销魂掌、九阴真经等等，都是读者耳熟能详的。其中，出现在《射雕英雄传》《神雕侠侣》中的郭靖，从年少到中年，从傻里傻气到饱经忧患，本来只是一个无名小卒，江南七怪之徒，却因缘际会，识高人、得绝学、遭奇遇、娶娇妻。如果说都还是文学笔法，充满各式各样的机缘巧合，以及身为主角的特殊光环，那么到了《神雕侠侣》开始，郭靖与襄阳密不可分，自愿守城，人在城在，以个人魅力与武力，登高而招，顺风而呼，号召军民以及武林人士共同防御、对抗蒙古军队，这就是个人意志与坚持了。"郭靖死守襄阳城"的形象，为国为民，侠之大者，深入人心，名声响亮。正如他自己所说："江湖上所以尊称我一声郭大侠，实因敬我为国为民、奋不顾身地驻守襄阳。然我才力有限，不能为民解困，实在愧当大侠两字。只盼你（作者按：指杨过）心头牢牢记着'为国为民，侠之大者'这八个字，日后名扬天下，成为受万民敬仰的真正大侠。"

郭靖在《神雕侠侣》中，对决蒙哥、金轮法王、萧湘子、尹克西等蒙古军敌手，大义凛然，有为有守，宁死不屈。在杰出的演出之下，原有的历史人物吕文焕，在剧情张力上就被排挤，往往就显得猥琐、软弱与无能，实际上当非如此。关于吕文焕、吕文德的故事，自然是本书的主角之一，容后再谈。

事实上，《神雕侠侣》，又或是整套"飞雪连天射白鹿，笑书神侠倚碧鸳"的金庸小说,在"金学"研究上,郭靖始终都是焦点。不论是他的个性、武学成就,还是其对于家国奉献的精神,都可以说是金庸小说中最著名的一代大侠。死守襄阳,以身殉国,可歌可泣的精神,都足以作为金庸小说代表人物,正如杨过问他,"郭伯伯,你说襄阳守得住吗?"郭靖不随口回答,而是沉吟良久,才说道:"襄阳古往今来最了不起的人物,自然是诸葛亮。诸葛亮治国安民的才略,我们粗人也懂不了。他曾说只知道'鞠躬尽瘁,死而后已'。我与你郭伯母(作者按:指郭靖妻子,黄蓉)谈论襄阳守得住、守不住,谈到后来,也总只是'鞠躬尽瘁,死而后已'这八个字。"大义当前,明知不可为而为之,这才是金庸描写郭靖的真精神。

说个题外话,我们都知道,"鞠躬尽瘁,死而后已",是出自《三国志》裴注所引的《后出师表》。全文是:"臣鞠躬尽力,死而后已,至于成败利钝……"

按裴松之所引,应为"鞠躬尽力",但一般所言"鞠躬尽瘁"从何而来?又或者是说,从何时开始流行?原来,答案就在《三国演义》第一○二回《司马懿战北原渭桥,诸葛亮造木牛流马》里:"臣亮五出祁山,未得寸土,负罪非轻!今臣……再出祁山,誓竭力尽心,剿灭汉贼,恢复中原,鞠躬尽瘁,死而后已!"由"力"而"瘁",更改一字,却变得更壮烈、更悲情、更"明知不可为而为之"。

金庸小说《神雕侠侣》,描写蒙哥死于襄阳城,还是被杨过打死,以飞石贯胸击毙。在小说描写中,蒙古军围攻襄阳,反派金轮国师(金轮法王)挟郭靖之女郭襄,以为要挟,把郭襄绑在高塔上,要求郭靖投降。郭靖等人当然不从，黄药师以奇门遁甲五行八卦作为原理的二十八宿大阵，对抗蒙古军。而在塔上，金轮法师以"龙象般若掌"决战杨过，打得难分难解，最后死于杨过的"黯然销魂掌"，坠落高台而亡。新版改成在郭襄遇险时，舍命使用"龙象般若功"，击开火柱，结果力竭身亡。金轮国师死前，望向郭襄，郭襄泪喊"师父"，告别拜谢，金轮国师无憾而终。同时新版也增加了杨过、黄蓉等人，向金轮国师遗体致意，感谢他对郭襄的帮助。这些叙述，自然是小说家言，描写精彩，生动惊险，结构也完整，但终究不是史实。

事实上，蒙哥进攻四川，本来都很顺利，就在合州钓鱼城时，不幸身亡，到底是战死还是病死，至今未有定论。不过，蒙哥一死，忽必烈急忙撤军，《神雕侠侣》对此的描写，倒是要言不烦，符合实情："蒙哥既死，其弟七王子阿里不哥在北方蒙古老家被得王公拥戴而为大汗。忽必烈得讯后领军北归，与阿里不哥争位，兄弟各率精兵互斗。最后忽必烈得胜，但蒙古军已然大伤元气，无力南攻……"

事实上，在南宋当时，也有一个叫郭靖的人物。《宋史》便有其传，与前面说到韩侂胄开禧北伐有关，在韩侂胄的规划中，按照当时的安排计划，韩侂胄命令南宋军队，三路出兵。由东、中、西三路，东部由两淮、中部以京湖、西部则是以四川，三路并发，向金国发动进攻。分头进击，希望扩大战线，展开包围。以薛叔似为京湖宣谕使，邓友龙为两淮宣谕使，程松为四川宣抚使，吴曦副之。吴曦后来又升正，并兼陕西、河东招抚使；郭倪兼山东、京、洛招抚使；赵淳、皇甫斌兼京西北路招抚使、副使。韩侂胄的三路出兵，出兵路线的选择也是斟酌过的。综观三路，路线不同，地形当然也不一致。一般来说，东路，度淮北上，离中原最近，多平原，行军也比较快速，是主战场。西路由四川经汉中，北向中原，声东击西，分散敌方注意力，颇有当年《三国志》诸葛亮"扬声由斜谷道取眉，使赵云、邓芝为疑军，据箕谷，魏大将军曹真举众拒之"的感觉。

理想很美好，现实却很残酷，计划永远赶不上变化。吴曦就进攻秦州，屡战屡败，因为他根本没尽力，根本不想赢。蜀地本来就是他的大本营，从他父亲吴挺开始，就在蜀地为帅，家族在地方上颇有势力，相互勾结者甚多。

根据陈希丰《吴璘病笃与蜀口谋帅：南宋高孝之际四川军政探析》的研究，宋孝宗当政时对吴璘恩遇宠信，并承诺其子吴挺，子承父业，继掌兴州大军。另一方面，又担心吴氏父子尾大不掉，难以管理，于是用诸多借口，另觅兴帅继任者。吴璘去世后，吴挺守丧，本来接任兴州都统制，朝廷显然颇有忌惮，起复金州驻扎御前诸军都统制、金房开达州安抚使，后又改利州东路马步军总管；吴挺离开后，宋孝宗本打算以重建分封的方式，任命任天锡、吴胜分掌兴州、兴元二司，就此管制限缩吴氏家的蜀地势力。不过，两位人选显然才德威望皆不足，素质堪忧。最终，在无将可用、无可奈何之下，只好从京湖战场调出员琦，出任兴州都统制，并要吴拱接掌兴元都统司。

宋孝宗以来，对于吴氏家族在蜀地根深蒂固的问题，始终难以解决，或由外人接手，或由吴氏继续，如吴玠、吴璘、吴挺、吴拱等等，始终摇摆不定，难有果断，只好有限度地任用。

　　更惨的情况，却是如前所提，吴曦被金章宗策反成功，准备投降。毕竟吴曦只想在蜀地当老大，既不是真的想北伐，当然也不愿因为此事，与中央有疙瘩。于是依违两端，半打半不打，拖拖拉拉，金朝的情报系统早就得到了消息。看准情况，抓到机会，金章宗决定招降吴曦。招降书写得实在是辞情并茂，让人读了飘飘然。吴曦的投降决定，消息传出，有人鼓掌赞成，当然也有人不愿意。许多人抛弃家园，顺嘉陵江而下，准备逃亡他方。其中就有一位难民，就叫郭靖，不愿意跟着吴曦投降金国，既然不能活着，或是苟活着如此痛苦，郭靖对弟弟说，我们家族，世代为宋民、为臣子，有始有终，如今怎可投敌？北伐不成金人南下，我们不能保家卫国，已是万分惭愧，又有何面目活在天地之间？于是毫不留恋，投江自杀，这就是南宋历史上的郭靖。

　　我们再回到主题。襄樊之战作为南宋、元朝史的关键之战，刘整的建议也起了极大的作用。刘整，字武仲，宋金时期他是金国人，后来投靠南宋，对抗他的故国金军。因为勇猛，他在南宋的事业军功累积颇多。后来镇守边防四川，只是人际关系失和，遭到许多人排挤、内斗，于是又北上，投靠蒙古。向忽必略做了很多建议，对于南征的情况，多有陈述，也都被采用。关于他的故事，因为他的重要性太大了，亦与本书息息相关，且后来还会再提到，届时详说，此处暂不多述。

　　不过，南宋的灭亡，襄樊之战是关键，却不是全部因素。毕竟，大厦将崩，由来已久，非一朝一夕，不是某个人某场战役就决定了一切。明清之际，最著名的遗民王夫之，他读史阅世，看到宋元时期，看到这场襄阳大战，似乎联想到了自己的时代，颇有身世凄凉之感。王夫之在《宋论》里说，南宋灭亡，难道真的只是蒙古太强吗？难道真的只是一场战役，决定了所有吗？物必自腐，而后虫生，可怜之人必有可恨之处。首先，宋理宗的所作所为，贾似道的贪权好势，难道不正是主要原因？宋代亡国，宋理宗身为一国之主，是罪魁祸首，可谓"秉成者"；史嵩之巧言令色，是"继之者"；贾似道玩法弄权，自不必言，祸中之祸。这些人主政，祸国殃民，通蒙古亦亡，拒蒙古亦亡，讲和亡，作战亡，无往而不亡，有志之士，又该如何拯救国势颓唐，挽狂澜于既倒，扶大厦之将倾？更何况这些掌权者，以白为黑，指鹿为马，望着东施说西施。以贿赂望阃帅，以柔媚掌兵权，以忤直为仇雠，以爱憎为刑赏，所以才有后来的余玠之死、刘整之叛，才有襄阳迟迟等不到支持援兵。

所以，人事的问题，是上梁不正，也是从根烂起，不可以只怪那些前线为国为民，或投降或战死的将士们。

而所谓的地理之险、地形优势，又能如何？地理再险，终有被适应、突破的时候。环境的优势，始终还是会被克服的，又如何能保护国家政权长久？长江淮河天险，又如何能挡住政治败坏？从上到下，由内到外，重重弊病，问题重重，宋理宗用人不当，也无心政务，别人都在进步，只有自己原地踏步，甚至愈来愈堕落，于是北方愈来愈强，蒙古遥遥领先；南方愈来愈弱，南宋远抛在后。当时，就算是英明之主，尧、舜、禹、汤、文武、周公再世，就算是良臣名将，管仲、乐毅、诸葛亮再生，都未必能挽狂澜于既倒，扶大厦之将倾，更何况普通的宋理宗？更何况当时将相，并不像古人那样杰出。"地利"云云，就算对南宋再有利，又如何能保护南宋到永远？

王夫之的感叹，观古通今，正如英国著名史学家爱德华·霍列特·卡尔（Edward Hallett Carr）所言，历史是过去与现在的不断对话。王夫之话中有话，意在言外，显然也有着自己时代背景的因素。

接下来，历史的回溯列车将正式启动。我们一同进入宋末的历史世界，看看身处其中的人物，观其言，察其行。继而分析一下在 13 世纪末的舞台中，宋元之际，襄樊之战的前因、后果、始末、影响与结局。

第一章

◎

金朝灭亡，蒙古崛起，南宋稍振

一、日暮西山的金国：贞祐南迁

我们稍稍把历史眼界拉前，在襄阳之战前，南宋与金朝、蒙古的那些事儿，值得我们说说。

在中国史的大叙事中，金朝，国号大金，是由女真贵族所建立的国家，这是中国《二十五史》中的正史朝代。金朝，当然是中国史的一部分。女真人，史书又作女直，或是女贞，是中国东北地区的少数民族。根据人类与考古学家考证，可能源自三千多年前，女真之名，或是由"肃慎"音转而来。"女真"是宋代才有的称呼，在此之前，或称为"挹娄""勿吉""靺鞨"。

这是个由女真为主体，不可一世的政权。《金史》说金太祖完颜阿骨打称帝，不无得意地对臣下说："辽（朝）以宾铁为号，取其坚也。宾铁虽坚，终亦变坏，唯金不变不坏。"宾铁，或称镔铁，即是精炼之铁。或又称为马口铁，所谓的马口铁，是两面镀有锡的铁皮，防锈能力很强，用来当作生产铁皮的铁器，可以大幅延长使用寿命。完颜阿骨打的意思很明白，辽朝以宾铁为号，用意在于其坚固，但再持久，终究会磨损锈蚀，只有金，不变不损，永远存在。

不过，说金朝以女真人为主体，还是有细微变化。关于金朝的族群问题，台湾学者陈昭扬在他的论文《略论金朝统治的影响及其历史地位》中，就详细考证，关于金国的族群区别、阶级划分等等问题，是基于族群入金先后，以及对于金国的忠诚程度来说的。金朝初年，便因此分为女真、渤海、契丹、汉人、南人五等。其中汉人与南人之分，顾名思义，前者是指原本居住在旧辽全境之辽地汉人，后者，也就是南人，则为居于故宋北部的汉人。另外契丹与同属之奚人，在政治上渐遭贬抑，即便金世宗即位时，曾颁布诏令，看似既往不咎，其实这些族群在政治上，地位已受打压。至于所谓的辽地汉人，以及宋地汉人，也渐渐相融，不再细分。

特别是宋地汉人，数量庞大，数目也多，其中有些人的文化程度，显然又胜过辽地汉人。在符合政治生态、效忠金朝的原则上，渐受重用。特别是完颜亮时期，特意拔擢者更多，金世宗显然也沿用了这样的政策，金世宗以后，汉人根本上已是金国政坛的主体，仅次于女真人。此类情况的族群分别，到了金世宗之后，因为时代变化，统治状况不同，已经没有之前那样细分，大致上来说，就是女真人与非女真人之别，而后者又被称为"诸色人"，汉人自然也包括在内。

当然，我们所熟悉的中国历史，自从完颜阿骨打称帝，金朝立国之后，先与北宋联手，向辽朝宣战，辽朝保大五年，北宋宣和七年，金朝天会三年（1125），辽国灭亡，政权就此消失在中国历史版图。鼎盛时期，金朝统治迁都中都时，领有华北地区以及秦岭、淮河以北的华东地区，诸如南宋、西夏诸国，尽皆俯首称臣称弟称侄。

接着金朝与北宋开战，朋友变成敌人，金宋之间的打打和和，绍兴十二年（1142），南宋与金国签订了和约，史称《绍兴和议》。南宋向金国称臣，约定以淮水为界。宋孝宗时期，又有《隆兴和议》，又可称《乾道和议》或《大定和议》。韩侂胄开禧北伐失败后，人死灯灭，身死政息，又有了《嘉定和议》，签于南宋嘉定元年，金国泰和八年，即公元 1208 年。

对于这个被称为"女真族的联盟体——大金国"的庞大国家，日本学者杉山正明在《疾驰的草原征服者：辽、西夏、金、元》一书中，就认为金朝国家规模宏大，国土幅员辽阔。总人口数，基本上也超过北宋最盛时期。从历史脉络上来看，以联合游牧部族为根本，并结合了畜牧、农耕与城市，基本上统合草原军事类型，以及中华行政体系的类型。这种看似由契丹开始的游牧民族奠定，渐渐走向新国家形态，有可能即将在大金国实现。

我们读史阅世，金朝的兴亡，正如清代孔尚任《桃花扇》里头套曲《哀江南》第七段所说："俺曾见金陵玉殿莺啼晓，秦淮水榭花开早，谁知道容易冰消！眼看他起朱楼，眼看他宴宾客，眼看他楼塌了。"也就是在这年，金章宗在泰和八年（1208）过世，几个儿子都早夭，金章宗生前更没有指定继承者。朝中大臣讨论了好久，经过一番决议，各方利益冲突、折中调和的结果，最后，金章宗的叔父卫绍王完颜永济（完颜允济）继位。可是，完颜永济实在成不了事，庸庸碌碌，几近无能，《金史》说他"柔弱鲜智能"，朝臣也多看不起他。当时崛起的外患，铁木真（成吉思汗），雄心壮志，乃历史上有名的人杰，完颜永济这等货色，不入流，当然也不入铁木真的法眼。

蒙古解决了西夏之后，理所当然的，下一步的计划，铁木真的大战略早把目标锁定到金国。金国大安三年，南宋嘉定四年（1211），蒙古攻金，进逼中都，可惜战况不利，无功而退。来年，金国大安四年，南宋嘉定五年（1212），铁木真再接再厉，亲自出征，包围了金国西京大同府。金国战况紧急，偏偏国内又有叛乱，耶律留哥起兵反金，蒙古招降他，他便顺势投奔。于是金国更弱了，外交内政等情势，更是每况愈下。偏偏卫绍王完颜永济又拿不出办法，只能干着急，彷徨无助。《金史》对他的评价是："卫绍王（完颜永济）政乱于内，兵败于外，其灭亡已有征矣。身弑国蹙，记注亡失，南迁后不复纪载。"意思就是说，卫绍王完颜永济最后被谋杀，被"以下犯上"，身弑国蹙，楼塌之起，容易冰消，早有征兆。

两年后，金国至宁元年，南宋嘉定六年（1213），蒙古大军再次攻来。卫绍王完颜永济依旧毫无办法，只能困守。同时，有人坐不住了，胡沙虎（纥石烈执中）率先起兵，杀了卫绍王完颜永济，又拥立完颜珣，完颜珣即位，是为金宣宗，年号贞祐。金宣宗是金世宗的孙子，卫绍王完颜永济的侄子，与金章宗同辈份，是异母兄弟。

日暮西山的金国，内忧是政情不稳，外患是蒙古太强。《金史》说战况是，山东、河北诸郡失守，只剩下真定、清、沃、大名、东平、徐、邳、海等，寥寥数城，仅存而已，河东州县，亦多残毁。国内疆土，不是失守，就是仅存，不然就是残毁，金朝国势与国力，神仙当世，也难挽救，更何况是平庸君主呢？

来年，金朝贞元二年，南宋嘉定七年（1214），金国低头，与蒙古求和，本来和议已谈成，只是金宣宗不放心，又惧又怕，执意迁都"南京"，朝中大臣拼命阻拦劝导。在朝，丞相徒单镒等极力反对；在野，也有太学生赵昉等上书，极论利害。不过，狗吠火车，尽皆无用，金宣宗走定了。金国首都，由中都改为"南京开封府"，所谓的"南京"，当然不是今天的南京了，而是当年北宋的首都汴京，就是开封，在历史上称为"贞祐南迁"。

关于此举，后人有不同的看法，出生于"贞祐南迁"十数年后的刘祁，在《归潜志》就不无感叹地说，金宣宗乃纥石烈执中所立，出身已经不正，本性又懦弱无能，自己没能力也就罢了，偏偏又喜欢猜忌，疑神疑鬼。对于臣下，担心弄权，有罪必究，不论他多有功劳。此外，"贞祐南迁"，实在是大大的失策，如果当初返守关中，则天下事犹大有可为，偏偏金宣宗不能深思熟虑，没有宏观眼光，苟且偷安，能过一天是一天，不能苦心经营，奋发图强。特别是高琪执政之后，擢用胥吏，压抑士大夫知识分子，手下大臣，又多是蝇营狗苟，到处钻营。金宣宗又有强烈的族群歧视，只相信女真族人，疏远汉人。此情此景，此等人治国，也难怪楼塌、人亡、政息、国灭了。

"贞祐南迁"，闹得这样大，各国皆知，南宋当然也收到情报。此时此刻，就该把握机会，趁你病，要你命。不过主政者史弥远并不是真正关心要不要北伐，而朝中文武百官、民间舆论等等，反而都在讨论另个重要的问题：钱财（岁币）还给不给？大家议论纷纷，你一言我一语，最后意见趋向，异中求同。南宋政权的决定是：不再给了，不要再浪费金钱与物资。当然，钱不给，还是继续观察情势，随时因变，敌不动我不动，见招拆招，南北宋金使节往还依旧，样子照做。这一年，为嘉定七年（1214），距离嘉定和议（1208）只有六年。最后，"贞祐南迁"之后，金朝国内，一方面是土地丧失，连年天灾，另一方面就是财源严重缩减，财政问题极严重。国家各方面都要支出，都需要钱，而南宋岁币也暂停了，失去了财政来源，国内通货膨胀，军事行动被迫升级，民变日起，内部外在诸多弊病，一并俱来，都造成了财政日渐紧张，困难丛生。

二、旭日东升铁木真

在十二世纪末到十三世纪初期，本来在大草原生活的蒙古民族乞颜部落壮大，不断击败并吞其他部落，特别是铁木真，金戈铁马，能征善战，基本上完成蒙古各部落的统一。在1206年，金朝泰和六年，西辽天禧二十九年，南宋开禧二年，铁木真在斡难河边立国，成立蒙古政权，国号"大蒙古国"。

这年，刚好韩侂胄对金朝发动北伐——开禧北伐。当时南宋政权在韩侂胄的执掌下，企图将国内的党争纷扰、经济状况、民生弊病等"内部问题外部化"，北伐誓师，三路并进，当南宋"名将""带汁（流泪）诸葛亮"郭倪自信满满，以为将建立不世功业的时候，当辛弃疾、陆游等人，既期待又怕受伤害，北伐来临，却又担心韩侂胄不靠谱的时候，蒙古的奇才铁木真正在北方草原挥洒他的壮志豪情。铁木真本来就有志于扩张，建立功业。于是先向西夏出手了。西夏臣属金国，听到消息，赶紧派使者向金国通报求救。刚刚继位的金章宗的叔叔——卫绍王完颜永济竟然坐视不管，见死不救，当作没看到。铁木真自然不客气，心安理得地收下了这份礼物。

解决了西夏，下一步，铁木真把目标锁定到金国。金国大安三年，南宋嘉定四年（1211），蒙古攻金，进逼中都，可惜战况不利，无功而退。来年，金国大安四年，南宋嘉定五年（1212）铁木真再接再厉，亲自出征，包围金国西京大同府。

1214 年，蒙古太祖九年，金贞祐二年，南宋嘉定七年，"贞祐南迁"。蒙古得到重要人才名相耶律楚材。1217 年，蒙古太祖十二年，金贞祐五年，南宋嘉定十年，蒙古"太师国王"木华黎为收降地方性势力，即后来所谓的"四大世侯"：真定史天泽、满城张柔、东平严实、济南张宏。隔年，1218 年，蒙古军将领哲别杀死屈出律，取塔里木地区。1219 年 6 月，成吉思汗亲率蒙古主力军，十万部队浩浩荡荡，西征花剌子模，花剌子模于1221 年亡国。1222 年，蒙古太祖十七年，金朝兴定六年，南宋嘉定十五年，蒙古军速不台和哲别从今日伊朗高原北部，进攻亚美尼亚王国、乔治亚、亚塞拜然，又越过太和岭，抵达钦察（今日位于俄罗斯南）。行军途中，又征服许多小国。隔年的 1223 年，发生迦勒迦河之战，击败基辅罗斯诸国，以及钦察忽炭汗的联军，蒙古军又持续向西进军，到今乌克兰西部的德涅斯特河。同年 9 月，攻击伏尔加河中上游的河谷伏尔加保加利亚。1225 年，蒙古太祖二十年，金正大二年，南宋宝庆元年，成吉思汗率军去灭西夏。1227 年，蒙古太祖二十二年，金正大四年，南宋宝庆三年，成吉思汗病逝，幼子拖雷监国，西夏灭国。

蒙古帝国为何能席卷欧亚大陆，成为历史上最大疆域版图的国家？战斗力、机动性、纪律、武器、训练等等军事优越之处，许多人已有论及。若根据日本学者杉山正明在《游牧民族的世界史》的看法，他更认为，成为君王之后的成吉思汗，藉由长年征战，让"蒙古帝国"跃为世界性的帝国。其扩张行为，许多人认为是野心与欲望的展现，但是，这也是一种整合，藉由战争性的集团移动，把数百年来不断彼此征服的游牧民族们整合成为共同体的组织体制，产生凝聚意识以及自我的我族认同，也使得蒙古率先成为"游牧民国家"。

因此，蒙古军并非全是残忍屠杀，也不是遇到敌人抵抗就必定将其杀死或灭族。而是在军事征服的过程中，让欧亚草原的军事力量达到有效的组织化，不是只靠杀杀杀之类的屠戮所能完成的，化敌为友，收入旗下，并且不断统整、融合，才是蒙古得以扩张的核心因素。

萧启庆曾研究中国历史上北方屡屡造成中国外患的原因，他在《北亚游牧民族南侵各种原因的检讨》中就分析：北亚草原地带，世界大草原的一部分，往往也是动乱的摇篮。就中国史而言，游牧民族南侵，理由到底为何？"逐水草而居"的行为活动是原因之一，也与天气环境特别是雨量多寡有关。游牧与畜牧差异极大，顺应季节，在夏冬辗转于牧地之间，在一定面积的游牧上，若是水丰草美，则牲畜繁殖，不虞匮乏。反过来说，若是干旱，雨量不足，收获必然大减，就会有生存危机；原因二之，游牧民族的管理与生产，都是很专业化，并非如史书上所说，缺乏文明、野蛮无知、没有人性云云，游牧民族虽然也有农业经济，只是以前者为主。于是与长城以内的国家社会，构成广大的经济共生区，或换物，或朝贡，或掠夺，或贸易，和战不定，打打停停，也就自然而然地出现。除了经济因素之外，游牧民族对中国政治的设想以及帝国意识，牵涉到主权与王权的建立，乃至于长城以内的朝代的国立问题，等等，也都是他们南侵的原因。

三、端平更化小元祐

"元祐"（1086—1094），是宋哲宗赵煦的第一个年号。元丰八年（1085），宋神宗病逝，变法派顿失权力根基，宋哲宗即位，宣仁太后垂帘听政，司马光执政，变法派倒台，受政治迫害或贬或黜。到了元祐八年，宋哲宗开始掌握大权，于是改元"绍圣"。顾名思义，就是承绍圣人（父亲宋神宗），哲宗认同变法派的做法，开始打击元祐大臣。

"端平"，是宋理宗的第三个年号（端平元年1234年至端平三年1236年）。前两个年号分别是宝庆、绍定。史弥远死于1233年，史弥远的权力执掌终于落幕，宋理宗在沉潜中浮起，开始大展拳脚。

要知道，初登位的宋理宗，才十九岁，就是现在大学生的年纪，他在官场上、职场上，不过初入社会的菜鸟，如何斗得过这些牛鬼蛇神？反观他身边围绕的人，年纪、阅历、城府、经验、人脉，都比他深比他多。杨皇后，大概四五十岁，史弥远只比杨皇后小两三岁，年纪相仿。其他诸如"四木三凶"："四木"是薛极、胡榘、聂子述、赵汝述，名字中各有"木"字；"三凶"是李知孝、梁成大、莫泽，都是史弥远集团的上层人士，既得利益阶层。此外，还有朱端常、王塈、盛章等等，或老于世故，或满肚皮计谋，或狡猾聪明，或善于察言观色等等。这些人，这个集团，阅历都比他深，经历也都比他丰富，官场周旋，逢迎交际，知人知面，皮里阳秋，各种政治手段与话术，都玩得比他好。宋理宗周围都是权术高手、权谋大师，稍一不慎，可是前功尽弃，死而后已。也因为如此，根据张金岭《宋理宗研究》的分析，史弥远在世时，宋理宗还是尽可能地做了不少准备，例如储备知识、培养提拔自己人、注意国家社会问题等等。

在讲宋理宗之前，我们先把焦点放到金宣宗身上。前已言之，"贞祐南迁"，这个号称"金"，永远不损不坏的曾经大国，败于蒙古，损失的东西，包括尊严，就想要从昔日手下败降的南宋身上狠狠拿回来。南宋拒绝金国，不再输送岁币，金朝当然不答应。解决的方式，就是打，打败你，让你不得不给，出师也可以有名：南宋毁约，不遵守诺言，缺乏诚信，摆明欠打。于是，南宋宗嘉定十年、金宣宗贞祐五年（1217），金国乌古论庆寿、完颜赛不等人，率军攻宋。在名义上，出军是没问题的；实际上，却是大有问题。因为实力不允许，虽然南宋也不强，半斤八两。此时开战，对双方，特别是金国，都不是一个好的选择，徒然耗民伤财，让原本困窘的财政，更加雪上加霜而已。况且鹬蚌相争，渔翁得利，让蒙古白白占了便宜。最后，因为天气、财政、军备等等，难以为继。最重要的是，蒙古继续攻金，上有蒙古，下有南宋，铁打的人都撑不住，金国实在打不下去了。同年十月，右司谏兼侍御史许古上疏，希望先遣使与南宋议和，金宣宗答应了，命令许古起草同宋议和的和牒，写完之后，发给大家看，宰臣们认为这封文书写得太软蛋，辞卑气衰，有祈求之意，示弱无助，实无足取，于是和谈这事，不了了之。

宋理宗方面，就在金朝灭亡的前两年，绍定五年（1232），杨皇后死，绍定六年（1233），史弥远死。宋理宗此时，或许如释重负，我们所说的"端平更化"，终于也到来。宋理宗，总算是可以干自己想干的事了。

首先，是征召真德秀、魏了翁等人入朝，推崇理学，有意识地提升周敦颐、程颢、程颐、张载、朱熹等理学家的历史地位，例如朱熹就被追封信国公。此外，关于民生经济，因为通货膨胀，纸币过多，宋理宗采纳臣下建议，以国库的预备金来平衡物价，禁止囤积民生用品，以及有步骤地收回旧币，并停止新币发行。希望市面上流通的货币，可以与社会经济有效地彼此平衡。还有，就是冗官问题，宋理宗决定不要再养这么多闲官，浪费国库公帑，于是控制进士人数，以及尽快制定合理的升迁制度，并且确实执行。

郑清之，宋理宗的老师，也得到重用。他在绍定六年（1233）继任宰相，促成"端平更化"之治，还发动北伐，对付蒙古。郑清之此人很有趣，我们要花些篇幅说说他。郑清之，字德源，他的老师是知名学者楼昉，根据台湾学者黄宽重的研究：《宋代四明士族人际网络与社会文化活动——以楼氏家族为中心的观察》，楼昉的楼氏家族，是当时有名的大族，除了文化素养，当然还有良好的经济条件。楼氏家族的成功，基本上是靠同学、共事、交游、婚姻等方式，在政治上拥有许多充沛的人脉关系，成了四明地区的著名士族。此外，楼氏家族内部也因为经济条件愈来愈好，以至于对家族成员的求学、仕途、政治资源、社经地位等等，都能提供许多帮助，成为正面的循环，楼昉、楼钥都是例证。郑清之跟这样知名的老师学习，颇得赏识。嘉定十年（1217），郑清之中进士，调峡州教授。嘉泰十六年（1223），迁国子学录。丞相史弥远找上郑清之，计划以他人取代赵竑，郑清之明白自己的处境，积极配合。宋宁宗死后，赵昀继位，就是宋理宗，赵竑被逐，基本上郑清之都是策划团成员之一。

宋理宗即位之后，对郑清之很是信任。郑清之有政治智慧，从他对史弥远的态度，便可得知；郑清之的处世态度，或许也影响了他的学生宋理宗，所以宋理宗对史弥远既尊崇又敬畏，不盲从不闹翻，以一个血气方刚的二十多岁青年来说，实属不易。

郑清之在宋理宗与史弥远主政期间，不断升官，宝庆元年（1225），改兼兵部兼国史院编修官、实录院检讨官，迁起居郎，仍兼史官、说书、枢密院编修官。宝庆二年（1226），权工部侍郎，暂权给事中，进给事中，升兼同修国史、实录院同修撰。绍定元年（1228），迁翰林学士、知制诰兼侍读，升兼修国史实录院修撰、端明殿学士、签书枢密院事。绍定三年（1230），授参知政事兼签书枢密院事。绍定四年（1231），兼同知枢密院事。在绍定六年（1233），史弥远逝世，郑清之走上了仕途的高峰，他既任宰相，又担任右丞相兼枢密使。值得一提的是，史弥远死后，宋理宗甚至还感念他，赐谥号"忠宣"。如前所说，来年，端平更化正式开始，宋理宗亲总庶政，赫然独断，不必事事看着史弥远脸色，也不再放任史弥远集团的人贪赃枉法。郑清之尽力辅佐，慨然以澄清天下为己任，把真德秀、魏了翁、崔与之、徐侨、赵汝谈、尤焴、游似、洪咨夔、王遂、李宗勉、杜范、徐清叟、袁甫、李韶等人，重新召回朝廷，委以重用，共商国是，一时之间，人才济济，号称"小元祐"。"小元祐"即意味着东山再起，颇有焕然一新、重回正轨的意味。

可惜，从端平到嘉熙，再到淳祐，意图改革，立意虽佳，短短的十几年，流风余韵，确实也做不少事。真正现实的问题，却是沉疴已久，非一时一刻能改善，宋理宗需要更多的时间。可是金朝灭亡，蒙古崛起，外交形势愈来愈严峻，留给南宋的机会已经不太多了。更何况，中年以后，执政二十多年后的他，忘却初衷，昏庸沉迷，雄心不再，早就没有了斗志。

端平之后，从嘉熙到淳祐，三个年号，大概十几年的时间，宋理宗倒是脚踏实地，励精图治。所以"小元祐"也好，"端平更化"也罢，其实包括了端平、嘉熙与淳祐。

若根据张金岭先生在《宋理宗研究》的整理，这段时间，宋理宗的政治部署，包括了几个方面：

称提楮币。楮币就是纸币，因多用楮皮纸制作而成，故有此名。有时也被叫作"楮券"。宋理宗时，楮币贬值，导致物价上涨，通货膨胀，国家也发生财政危机。所以宋理宗颁布许多政策，就是为了挽救楮币，称为"称提楮币"。包括加强整顿楮币、加大回笼楮币的力度、少印新楮、回收旧楮、任用专人与机构处理楮币、允许臣民以楮币缴纳税，一方面收回旧楮，一方面也是提高楮币的信用与支持度，以及坚持不废会子，永远行用，最后就是制定相关法律，禁止伪造楮币，以免劣币逐良币。

整顿盐业。苏轼说过，北宋当年"赋役牛毛，盐事竣急"，结果北宋发生的情况，到了南宋又再来一次。宋代实行的食盐专卖制度，公家制盐，再由盐商负责销售，这就是史称的盐钞制度，又称盐引法，也就是盐商支付费用，向官方取得许可证，才可以贩卖食盐，除此之外，都是非法、违法。端平之后，国家政策改革，都需要花钱，国家财政不足。宋理宗从整顿盐业下手，主要是处理走私的问题，以及促进食盐买卖的流通关系。政府要确保食盐的生产、运输以及贩卖，不让不肖人等、官商勾结，上下其手，中饱私囊，于是查核经通管道是否畅通，盐商以及公家相关机构是否有舞弊等情形。另外，就是取缔私盐，当然也引起了许多暴乱，毕竟挡人财路。宋理宗对处理此类问题，常也感到头大棘手。

最后，对于北方的防备，宋理宗也加强四川以及京湖的防务，或依山平险，建筑坞堡，或是任用良将，如余玠等人，或结合军民，亦战亦耕。

端平更化，或许是南宋政权最后的回光返照了。

四、不同的路

1234 年，金天兴三年，南宋端平元年，蒙古联合宋军，围攻蔡州，城陷之日，金哀宗自杀，金末帝死于乱军之手。

蒙古灭金之后，随之而来的是"端平入洛"以及"三京之役"。关于"端平入洛"，南宋周密《齐东野语》第五卷，就有《端平入洛》，论之甚详。话说南宋军与蒙古谈妥，联手夹击金朝，端平元年（1234），金朝的蔡州被蒙古攻陷，金朝正式灭亡。金哀宗的遗骨，被南宋军队送到太庙，祭祀牺牲，告慰宋朝历代先人。

上文说过，金朝覆灭之后，是蒙古与南宋两国关于战后胜利品，包括领土划分的谈判问题。蒙古军考虑到天气适应以及后勤补给的难题，决定暂时撤退，因此河南地区成为无人看守之地。此时，因为联军的胜利，大金灭亡，南宋多年的心中之刺，终于被拔出，虽然不是靠自己拔的，蒙宋联军，本身出力也不多，但总是让人雀跃，有些志得意满、壮志凌云。南宋朝廷，日常开会，有人建议南宋应该趁势反攻，例如宰相郑清之、赵范、赵葵兄弟。北伐一派，认为战事乐观、南宋大有可为的原因，多是天气炎热，蒙古人不适应天气，洛阳守备必定薄弱。如果趁机挥军，一路向北，上自潼关，下至清河，据河而守，就算蒙古发觉不对，逃也不成，进也不是，我方猛击，或趁其渡河不备，或整装进攻，宏图大展，恢复故土，可以期待，人人有功拿，人人有功练，大家都能建立事业，南宋也可取回祖宗财产，恢复疆域。

宋理宗喜欢听这样的话，自然是答应了。结果就是，南宋出军，兵分两路，进入三京，大败而逃，狼狈退回。周密《齐东野语》所记，据他自己的说法，是得自于当事者，曾任随军幕府的记录。大概是史料来源的关系，周密叙述比较详细的，多是全子才、徐敏子这一路，也就是淮西军入开封，进洛阳，及兵败洛阳，仓皇撤退的故事，这就是"端平入洛"。

就南宋的规划来看，本还是打算淮东和淮西战区出兵，"端平入洛"只是其中的一部分。另外，宋理宗还打算以京湖与四川地区配合辅助，首尾才有相应之势。不过京湖制置使史嵩之（史弥远的族侄，在《楔子》中我们已有介绍过）不愿意配合，他主和不主攻，宁愿辞职不干，也不想打，此计划搁浅。朝野大臣讨论，你一言我一语，而朝中对于和战问题，却是莫衷一是。监察御史李宗勉反对甚力，他的理由也颇有道理，现今出战，不但有违盟约，而蒙古兵强马壮，我们硬打，吃力不讨好，不如趁如今局势稍定，休养生息，储备实力，来日再争长短。太府少卿、淮西总领吴潜也持反对意见，他在《上庙堂书论用兵河南》中就说得很清楚。当然，这里的"河南"，并不是指现在的河南省，而是指当时的中原地区，即南宋人认定"失土"的精华地段，包括三京（"东京开封府""西京河南府""南京应天府"）。吴潜所上奏中，指出当前情况，河南易攻难守，而我军（南宋军备）战斗力低落，士气不振，装备武器钱粮都不足，说打就打，谈何容易？更何况，两淮自李全之乱后，城邑萧条，民不聊生，此时发动战争，征调民力，只会引起反变，激起动乱。最后，妄生事端，轻启战祸，只怕引起蒙古报复反击。

上完此书，意犹未尽，他担心朝廷听不进去，又再上了《奏论今日进取有甚难者三事》，甚难者，三事分别是：第一事，北伐远征，穿山越岭，渡河过江，水路军都不便，依目前动员状况，后勤补给势必不足，南宋军队先天已经失调，后天还要失养；第二事，从潼关至清河，有数千里之遥，按照正常计算，十五万兵力，是跑不掉的，目前我方哪有这样的实力？更何况防守线过长，兵力数量问题，只会雪上加霜；第三事，在经过平定李全之乱，以及与蒙古合作联手灭金之后，我国已是争战连年，百姓亟须休养生息，安居乐业，不要再打仗，也不可再扰民了。否则的话，一个疏忽不小心，害人害己，民必为盗，到时我们更麻烦。

反对的意见还有许多，权直舍人院吴泳，他所上札子《论中原机会不可易，乞先内修政事札子》，说与过去相比，现今兵卒比不上以前，将领素质也比较差，这样怎么打？国家财政困难，人民生活也不好，此解堪忧，为什么这样还要打？内忧外患，内政尚不足，外交也没做好，甚至毁约，失信于民，失信于国，又该怎么打下去？就算真的收复三京，因而被蒙古军队偷袭，要抵御防守了，又该怎么处理？更何况，元军如果趁机进军，从光化小路至夷陵，锁断峡口，荆州必然岌岌可危。荆州一失，动摇国本，必定危及政权，试问，又要怎么办？

就连"端平更化"时期，重新入朝任翰林学士知制诰的真德秀，也大力反对。他在《甲午二月应诏上封事》中就极为忧虑，甲午，就是端平元年（1234）。真德秀认为，北伐恢复之志是好的，也应该要有此计划宏图。

不过，首先得要有人才，有猛将，有谋划，有前景，有未来，才能有希望。当今天下，也没有相应的杰出人物带领北伐。许多人北伐，嘴上说得头头是道，说天下大势，侃侃而谈，仿佛尽在其掌握之中，真要带兵打仗，知行不合，只是一场悲剧而已。打仗不是请客吃饭，目前国家准备也不够，后勤粮饷运输等等，都不具备进攻的可能，他劝解宋理宗，兵者，国之大事，死生之地，存亡之道，实在要谨慎、谨慎，再谨慎啊！

宋理宗不管这些，听不进去，他就是要打，趁机反攻，才是他心中所想。他以赵范、赵葵两兄弟为大将，前者是两淮制置大使、节制沿边军马兼沿江制置使，后者权兵部尚书、京河制置使，知应天府、南京留守兼淮东制置使。宋理宗的做法是：一方面，由淮西先行目标开封，然后到洛阳等地；淮东部分，又再兵分两路，一是进攻今苏北与山东相毗邻地区，二是西路进占应天府，然后也进入开封，二路会合，彼此呼应。

不过，南宋最强大的对手——蒙古军绝不是吃素的。即便当前战略布局，短暂退出洛阳，依旧不会示弱，不会给南宋机会的。他们考虑的因素：一来灭金，南宋出力甚少；二来洛阳乃兵家之地；三来，盟约还在，怎可以私自出兵？在得到情报后，立马动员，不能让南宋得逞。蒙古派出查老温为大将，胡土虎那颜为中州断事官，达海钳卜出军，兵指川蜀，陕西、河北的蒙古军也随时待命。南宋名将孟珙更是得到情报，敌方大将大纳兵至江陵，随时开战。结果，洛阳得而复失，襄阳也因为赵范、李虎、王旻的内斗而弄丢了。相关的过程，在《楔子》已说过，就不再赘述了。

读史至此，不禁让人感叹，遥想当年，南宋绍兴四年、金天会十二年

（1134），岳飞收复襄阳六郡，失而复得，百余年后，得而复失。还是自己人打自己人搞丢的，《宋史》说，"城中官民尚四万七千有奇，钱粮在仓库者无虑三十万，弓矢器械二十有四库"，这些东西，不能算少，结果被自己人搞掉，皆为敌有。自岳飞收复至今，一百三十多年，生聚繁庶，城高池深，一朝一夕，化为灰烬，得不偿失，赔了夫人又折兵，用句《尉缭子·制谈》的话，真的是"损敌一人而损我百人，此资敌而伤我甚焉"。当然，蒙古占领襄阳后，自知要南宋灭亡的条件、机缘还未成熟，不能久占，因而没多久就撤退了。

那么，金朝为何灭亡？金朝灭亡后，南宋北上收复之举，又是否明智呢？我们不妨分析一下：

首先，王德忠在《金末丧乱衰亡的形象写真集：归潜志》中，采用刘祁《归潜志》的观点，认为金章宗的明昌、承安年间，虽然可以说是金朝的鼎盛时期，但也是由盛而衰的关键节点。如前所言，金章宗之后的继承者，卫绍王本身能力平庸，为人并不靠谱，而骄横跋扈的纥石烈执中更是祸国殃民，这些人的出现，这种统治集团的内部斗争，祸起萧墙，很难使政治清明、国家机器持续正常运转。

防嫌宗室和重用近侍，诸如金章宗以谋叛罪赐世宗子、郑王永蹈和镐王永中、永中子神徒门及其子孙等，或赐死弃市，或是重罚流放，可见其嫌疑猜忌。更不必说晚期金朝的继任者以及大臣们，或昏庸，或因循，或腐败，没有能担大任者，也缺乏远见。而术虎高琪专权，更是腐朽金朝的致命点。纥石烈执中固然专断独行，可是术虎高琪杀纥石烈执中，也非正义之举，事后非但没有人追究，还因此步步高升，直至走向人生巅峰官至尚书右丞相，专固权宠，擅做威福。走了一个权臣纥石烈执中，结果又来一个术虎高琪，一个比一个更夸张，权力欲望更大，可见金朝政局，也只能江河日下难以挽救了。

　　其次，再看南宋的收复之举：从"端平入洛"到三京收复战，南宋以及宋理宗，明显准备不足。朝中大臣，反对者甚多，乔行简就认为中原若是真的有可复之机，则事情大有可为，北伐大事，进取有利，可真正的问题不是能不能打赢，而是后继可能乏力。一是，内政足不足以支撑前线战事？给予坚强后盾？若朝廷之内讧掣肘前线打再多场胜仗，不能持续，又该如何？二是，军队士气如何？武器够精良吗？粮食运输，有到位吗？自古以来，盖世雄主英君，规划进取，必须选将练兵，丰财足食，然后才考虑军事行动。可是，当今朝廷良将，足当一面者能有几人？勇而能斗者能有几人？智而善谋者能有几人？屈指算算，不过二三十人，寥寥数十人，该怎么成事？而政府的军队，能战者几万？部队又必须分道而行，驻防的、进攻的、留守的、补给的、野战的、防御的，照理来讲，应该有二三十万才够，今日显然不足。而且，兴师十万，日费千金，如果千里路途，导致粮食不够，则士兵饿着肚子，该如何打仗？所以，现下国力既不足，民众生活亦不堪温饱，恐北方未可图，而南方已先骚动了。更重要的是，北方中原连年兵祸，蹂践之余，所在空旷，纵使我们军队战场也颇顺利，东南有米粮可运可补给。可是道路辽远，由淮水而进，纵有河渠可供运输，但还有盗贼觊觎。粮道不继，当此之时，就算孙子、吴起复生，韩信、彭越再世，恐怕都无能为力。

南宋刘克庄也指出，宋理宗入洛的举动，根本是没事找事做，用今天的话说就是刷存在感，寻衅滋事。他认为金朝与蒙古，虽然都是外族，对待方式应该要有不同。金朝是世仇，不必说，就是对抗到底，一刻不放松；蒙古与我朝，无恨无怨，应该要像是对待邻居，羁縻勿绝才是。如果去刺激他们，轻易毁约，以至变邻为仇，实在是笨蛋之举。南宋王迈《臞轩集》更认为，虽说河南地区，三京是我朝旧地故土，身为后世子孙，有此雄心壮志，想恢复祖宗基业，当然也很好。然而现实是此地现在所有者，不是金朝，而是蒙古。执意北上，大动兵戈，就是消灭一个敌人之后，又增加一个敌人，而这个敌人还曾经是朋友。如今化友为敌，本身实力又不够，为何非打不可？

对于这许多中肯之语，可惜是言者谆谆，听者藐藐。战败之后，领导们"见笑转生气"（就是迁怒，自己不反省还要别人检讨的意思）。当初要求不可开战的人，不少被免职。他们的所言所语，他们的忧虑与预判，几乎都变成战场上的现实，可见"端平入洛"等战役，确实是决策失策。

对于这场战争，杨倩描在《端平"三京之役"——兼为"端平入洛"新探正名》中给出了另一角度的分析。他指出：周密《齐东野语》所说的端平入洛，只是指淮西军。事实上还有淮东军，所以南宋这次军事行动，应该称为"三京之役"为妥。而"三京之役"的失败，影响颇大，首先是激化了南宋与蒙古的矛盾，其次洛阳兵败，由淮西和淮东战区混编而成的近三万人部队，溃败散逃，对南宋士气打击很大，南宋朝野也因此战役，颇为丧气失望。至此，南宋朝廷似乎是一蹶不振了，只有蒙古，稳健进步，勇往直前，远远跑在前头，一路走到了宋金两国不曾看过的地方。

第二章

◎

南宋的关键人物

前面我们描写了本书写作的历史脉络，在这里我们将把视线投放到咸淳四年（1268）至咸淳九年（1273），大概五六年间襄樊战役的前夜，聚焦到几个关键历史人物的身上，以南宋的视角回望一下，在政权动摇、风雨欲来的大战前夜，那些复杂的人事纠葛、权力争夺、欲望与希望，那些人来人往，聚散离合。

一、宋理宗

宋理宗赵昀，原名赵与莒，后赐名为赵贵诚，是宋太祖次子燕懿王赵德昭九世孙，他在位大概 40 年，死于 1264 年，蒙古中统五年，南宋景定五年，活了快六十岁。

赵昀的即位，与史弥远息息相关，颇具戏剧性，也充满许多政治的权谋算计。详情在"宋朝往事"的第一辑《开禧北伐：虚弱的反攻》已有详说，这里就不多费笔墨了。大概的情况就是，宋宁宗晚年，史弥远朝中独大，他与原为太子的赵竑相处不洽，赵竑看来也容不下他。于是史弥远秘密培养赵昀，希望以他来取代赵竑。宋宁宗驾崩，消息传到太子耳里，赵竑不知史弥远底蕴，还以为是自己准备即位了。《宋史》对于史弥远的安排、赵竑入朝所见那不寻常的氛围，在场人的情况、心理状态，写得活灵活现，文辞巧妙，如在眼前。结果，大家也都知道了，当上皇帝的是赵昀，也就是宋理宗。赵竑日后更是被史弥远找借口除掉了。

宋理宗即位之初，虽然知道真正"话事"的并不是自己，还是尽量广知当今国家社会问题，也注意招揽全国人才，在不惊动史弥远、不引起怀疑的情况下，宋理宗对这些人，或赞赏或结交或提拔或笼络。史弥远或许也看出来了，但认为无伤大雅，却也任由他做些什么不超出自己掌控范围、不影响大局的事，刷刷存在感。

因为有了前期的储备工作，当史弥远死去，"势""时"终于涌现，宋理宗才能快速地启动"端平更化"。

宋理宗以大学生类似的年纪，潜龙在渊，忍辱负重，跟这些官场老手周旋多年，说说笑笑，虚与委蛇，确实很不容易。前面谈过的，宋理宗即位后，史弥远依旧独大了好多年，直至他逝世之后，宋理宗终于独当一面，从心理层面来看确实是跃跃欲试，极想做出一番事业与成绩，证明自己。端平更化小元祐，希望挽狂澜于既倒，扶大厦之将倾，不过三京之役以及端平入洛，实在是狠狠地、重重地让他跌了一跤。

经历端平（1234—1236）、嘉熙（1237—1240）、淳祐（1241—1252），

到宝祐元年（1253），这时的宋理宗，从当年被史弥远硬拉上来的小伙子，即位、执政、被控制到自主独立，如今已经四十七八岁了。或有几茎白发，心情早过中年的他，走过史弥远的阴影，走过端平入洛的危机，走过十数年的专心朝政，身边也走过这些各种各样的官场人物。现在的他，好像一个疲惫的中年男子，又或是泄了气的皮球，有着忙不完的工作，各种压力，似乎他有点扛不住，也不想扛了。

五十岁的宋理宗，似乎找不到方向，历经数十年的官场历练，从明哲保身到大展拳脚，从潜龙勿用到端平更化，如今我五十看从前，离老去还说不上边，可是体力渐衰，精力渐弱，似乎对于人生终点明显有了焦虑。就像渡河的人，走到中间偏前，回首过往，不见此岸，往前遥看，远远地，似乎又不是太远，好像看到了彼岸，身旁人流来来往往，依旧无边无尽。方向是什么，方向在哪里，他好像也放弃寻找了。

他的老师郑清之，淳祐年间，又再次当了二把手，一度还加官至太傅。开始时还做得不错，如整顿盐业等等，与宋理宗搭配颇好。随着郑清之年纪愈大，行事也愈来愈平庸，没有什么冲劲与锐气，特别是在人事纷争中，显露疲态，他累了，也倦了。例如他曾提拔的吴燧、潘凯等人，后来与他闹翻，过河拆桥，他始终放在心里，忘不了。有些人对他再登相位心怀不满，颇为讥讪，刘客庄（后村）任右史兼内制侍讲，与郑清之时相过从，常听到郑清之抱怨，说许多人心怀向背，攻击郑清之甚力，不是说这个做不好，就是说那个也不成，"人心怀向背，以攻安晚者为贤"（"安晚"，就是郑清之），搞得郑清之颇为灰心丧志，真想退休算了，一走了之。郑清之自己也很感慨地说"某再相之后，扳俊才自助不至，今已更阑客散矣"，当年热闹场面，如今星散，人已不在，留下更多不是遗憾，而是不满。

淳祐十年（1250），就是郑清之死前的一两年，给宋理宗写了个备忘录——《十龟元吉箴》。十个关键词，《宋史》是这样说的，一、持敬，二、典学，三、崇俭，四、力行，五、能定，六、明善，七、谨微，八、察言，九、惜时，十、务实。并且希望宋理宗不要耽于逸乐，多听臣下建议，郑清之也叮咛为政之道，要小心翼翼，如履薄冰，不要胆大妄为、自以为是。《宋史》说宋理宗看到这份备忘录，很开心，还要求史官写下来，并给了不少赏赐。

当然，上述的话，不能说没有道理，可仔细想想，其实也是老生常谈，或许从正面来讲，更是郑清之官场多年的经验总结，言近旨远。但是，谁都看得出来，郑清之晚年，确实不如早中年般头脑清醒、勇于任事了。也就是这一年，他再上了一次书，申明自己真的想退休了。同时免不了又抱怨，他说自己禀性拙直，许多事亲力亲为，自奉节俭，不刻意奉承人，也不专门笼络人、建构自己的势力人马。所以帮助很多人，也不要求回报，他们不感激，也没放到心里，反而还针对自己，让自己被倒打好几耙，所以"背之者以为常""仇之者无所忌"。

"三京之役"和"端平入洛"失败之后，宋理宗把独相改为并相，于是乔行简被任命为右丞相兼枢密使，并与郑清之合作。乔行简与史弥远关系不错，史弥远喜欢这个人，觉得蛮听话的。王迈的《臞轩集》就说史弥远欣赏乔行简"顺己"，对自己可以委曲求全，往往遵从，不太会违逆。不过，乔行简也不是什么贪赃枉法、欺善怕恶的恶官。南宋叶绍翁《四朝闻见录》说到，史弥远认为乔行简的最大优点是在处理外交问题，特别是南宋与金朝、蒙古的关系上，应对进退，颇为得宜，尤其和议的条件也都处理到位。

自此之后，则是谢方叔，从淳祐十一年（1251）拜相，到宝祐三年（1255）被弹劾罢相为止。大部分时间，却是由谢方叔独居相位，不过，皇权不振，因为皇帝怠惰，相权并未随之独大。因为当时宋理宗周围的人，太红火了，炙手可热，宠幸、内侍、贵戚等等，盘踞朝野。周密《齐东野语》就记载："宦寺肆横，阃帅朝绅出入其门，朝廷群臣多不敢言。"阃，是指统兵在外的将军。宦寺放肆纵横，权力颇大，以至于地方朝廷各官，往往都得登门请托，关说办事。刘一清的《钱塘遗事》，也说宋理宗在位许久，怠于朝廷，不太管事，以至于嬖宠浸盛。例如卢允升、董宋臣等等，明知故犯，贪赃枉法；女冠吴知古等等，都引用自己人，大家一起贪污，一起欺上瞒下，作威作福，任意引用外戚子弟，盘踞畿辅，自己的人马，布满朝野，"娼妓傀儡得入供应，宫嫔廪给泛赐无节"。

谢方叔出身清贫，见识过民间疾苦，他对于目前朝中状况，颇为忧虑。在《论人主防微杜渐疏》中，他不断强调，如果亲近人主的人，都是好财好利、近习承意、观主上喜好、逢迎拍马、阿谀伺旨的无耻之徒。乍看之下，似乎也没什么，因为这些人善于说好听的话，人主听了，飘飘然，或许不太好，但问题应该也不大。真正的麻烦在于，这些人往往会拉朋引伴，盘根错节，一环接着一环，小人群聚，这就容易造成灾祸，所以领导者要小心，防微杜渐，要防止他们投其所好，以至于弄权擅政。在这种人脉牵连的环境中，既要洁身自好，又要勇敢说出弊端，谈何容易？谢方叔苦口婆心说得愈多，往往愈造成相反效果。内侍、贵戚在宋理宗面前，明着暗着更是大肆诋毁谢方叔。说着说着，听着听着，浸润之谮，肤受之诉，暗中谣言，恶毒诽谤，时间久了，宋理宗也就当真了。于是宋理宗对谢方叔的信任愈来愈低，终于在宝祐三年（1245），监察御史朱应元发出弹劾，谢方叔被罢官，离开相位。

在《宋史》记载中，宋理宗罢黜谢方叔的诏书，理由是认为谢方叔各分朋党，互相倾轧。谢方叔既没有房玄龄、杜如晦相济之美，反而有牛李党争对抗分派的坏风气。谢方叔又依附取容，无謇謇之节，持禄固位，也乏谔谔之忠。政以贿成，德不配位，朝政风气败坏，如果说谢方叔没有责任，谁又该有责任呢？

后人认为，谢方叔的离开，也让宋理宗更信任外戚，特别是贾似道机会来了。宋度宗继位之后，皇权更是进一步旁落，贾似道掌握朝中大权，也开始了贾似道专权、一手遮天的时代。

前面提到的郑清之，以及继任者谢方叔，或是英雄迟暮，或是无可奈何，宋理宗更是远没有当年的冲劲了。关于世人对这些行为的评论，我们不妨以史弥远来说，《宋史》没把史弥远排进《奸臣传》，可能是"比较"出来的，因为中年以后的宋理宗，以及后来的贾似道，相形之下，似乎问题更大。不管如何，正如《宋史》对宋理宗的评价，说宋理宗继位时间长，与宋仁宗差不多。可是宋仁宗之际，良相人才济济。反观宋理宗呢？史弥远、丁大全、贾似道等人，相继登台，窃弄威福，导致国家财政、民生经济，比不上庆历、嘉祐等年，也是理所当然的。而蔡州之役，依照蒙古的军事行动，南宋与其联手，方可对金国获胜，洗刷过去的诸般耻辱，但随即而来的决定，贪地弃盟背约，入洛之师，旋又兵败，事衅随起，真是得不偿失。

宋理宗在位四十年，宋仁宗在位四十一二年，确实相差不多。宋仁宗在位时，名相辈出，人才不绝，《宋史》说宋仁宗在位四十二年，君臣一心，朝廷之内，都是人才，即便偶有小人，但不足动摇士气，更不可能动摇国本。

当然，《宋史》把宋仁宗在位四十多年，说成上下一心，无纷争、无小人、尽皆君子，是有点夸张了。可是当时确实出现许多杰出人才：文彦博、杜衍、范仲淹、富弼、张方平、韩琦、晏殊、章得象、石介、欧阳修、余靖、王素、蔡襄等，文章才华、秉性品德，都是一时之选，朝政自然也比宋理宗时期好上太多太多。更重要的，《宋史》说宋仁宗非常节俭，克己复礼，不浪费，不铺张，不放纵，就连晚上吃消夜，都不太心安理得。而洪水旱灾，宋仁宗更是常常想到百姓，为民父母，为人着想，光是这一份自律与怜悯、小心谨慎的态度，就足以获得史家肯定，他们称赞宋仁宗恭俭仁恕，既是天性，也是爱民如子。每当遇到水旱，宋仁宗自己就食不下咽，焦虑非常，总替人民百官着想。更不用说他饮食用膳穿衣起居等等，都不强调奢华，甚至有时半夜饿了，还不忍叫夜宵，就是担心有人因此挨饿受罪。

相较之下，宋理宗中年以后，简直就是走向了宋仁宗的反面。

最后一点，则是宋理宗的接班人选问题。

二、宋度宗

宋理宗死后，宋度宗赵禥继位，他是宋理宗的侄子。因为宋理宗的儿子早早先于父亲过世，宋理宗找不到直系血亲，只好另寻他法。宋理宗看宋度宗年幼可爱，颇为聪慧，决定以宋度宗为继任者。淳祐六年（1246），宋理宗赐名为赵孟启，赵孟启以皇侄的身份，授予贵州刺史，入内小学。隔年，淳祐七年（1247），授宜州观察使，赵孟启就王邸训习。淳祐九年（1249），授庆远军节度使，封益国公。淳祐十一年（1251），改赐名孜，进封建安郡王。

由此可见，宋理宗一步步拉拔赵孟启，终于，在宝祐元年（1253），诏立为皇子，改赐赵禥。景定元年（1260），立为皇太子，确定太子的地位与关系。宋理宗的决定，臣下也有反对的。吴潜就很直率地说："臣无弥远之材，忠王无陛下之福。"这个是双关语，"弥远之材"，意思就是眼光长远、治世之才。另一个则是相对下句的"陛下"，所以上句的"弥远"，也可以指人物、人名，故"弥远"很有可能就是指史弥远。宋理宗是由史弥远所立，宋理宗的一生，与史弥远的关系错综复杂。虽然在史弥远生前，宋理宗可能就是个盖章的木偶，宋理宗真正掌权后，确实也清除了许多史弥远的余党。宋理宗对于史弥远，或曲意奉承，或装聋作哑，或故作姿态，或虚与委蛇。即便如此，终其一生，宋理宗对史弥远是崇敬感念较多的，如史弥远死后，宋理宗甚就因颇为感激他当年的提拔，赐谥号"忠宣"。或许，在情感上，宋理宗对史弥远又敬又畏，又厌又爱，又感谢又害怕，总之复杂难述，连他自己都搞不太清楚。

这个道理，估计当时许多人都看得颇为清楚。吴潜拿自己跟史弥远做对比，有谦虚，也有反讽，更可能是以退为进，但重点都是后面这一句："忠王（宋度宗）无陛下之福。"

宋理宗听了吴潜的话，显然不太开心，也没因此改变决定，另立他人。不过，他对太子的管教与教育，倒是颇为严格。《宋史》说皇太子家教甚严，鸡初鸣啼，就要太子早起，过来问安，再鸣才能回宫。三鸣之后，太子就要前往会议所，参决庶事。散朝，太子还要去讲堂，讲官先讲经，次讲史，宋理宗希望这个皇太子终日手不释卷，多学习知识。傍晚，又要太子复至榻前起居，一日过一日，习以为常。宋理宗会时不时抽问今日讲何经。若回还不错，则赐坐赐茶；回答不好，则为之反复剖析；若是当天学习效率低落、状况欠佳，宋理宗就会生气，明日要太子须更覆讲，直到答好答满为止。

宋度宗一朝，可说者无甚多，又或者是反过来，宋度宗可谈的并不多，真正的重点是，他几乎给了腐朽的南宋最后一击。南宋最后的灭亡，或许可以说是蒙古太强，也可说是南宋内政、外交、军事等等，整个国家机器运转失灵。《宋史》就感叹，宋朝国运，至宋理宗，从早期的三京之役、端平入洛，疆宇国土日渐缩小，其后贾似道执政，掌握国家命运，宋度宗继位之后，虽无大失德，最大的过错与问题，就是拱手默坐，素位尸餐，大权旁落，由权奸贾似道以及贾似道集团掌控，于是衰敝寝甚，国力只能更往下沦堕。当然，认真看待当时事势，立志改革，非有雄才睿略之主，确实也很难救回、力挽狂澜，更何况是宋度宗这个庸主呢？就宋度宗来看，历数有归，亡国不于其身，已经算是老天给了他最好的运气了。

我们不妨再以王夫之《宋论》的观点，来看看他的评价。王夫之是这样分析宋理宗与宋度宗的。南宋王朝，到了宋理宗末年，虽说国家还在，其实也跌到谷底了，颓败之势，甚为明显，只是苟延残喘罢了。即便如此，身在志在，未必不能从谷底反弹，若是继任之主，能一洗宋理宗晚年的暮气，对症下药，愤耻自强，固结众志。就像五代十国的汉英武帝刘继元，残忍好杀，即便如此，当年宋太祖赵匡胤亲征北汉，依旧久攻不下，屡战而不能得。南宋若能如此，或许当元军再度南下，也能坚守、坚守，再坚守，誓死顽抗，以战养战，拖时待变。未来如何，尚且难以预料呢！即便，退一万步来说，日后蒙古大军来势汹汹，南宋军队真的抵挡不住，相信也会有爱国之士，胸怀正道，挺身而出，收溃散败亡之卒，勉以忠义。就像太初六年（391），苻登决战姚苌，姚苌患病，苻登得知情报，把握机会，趁你病，要你命，进攻安定，姚苌苦撑。其后病情渐愈，决定亲自率兵抵抗，苻登不敌，惧而退兵，败还雍城。到了太初九年（394），姚苌已死，苻登认为对方败象已呈，决定亲率大军，进攻后秦。不料为后秦将领尹纬抵御得法，苻登军队进攻不顺，更有许多士兵渴死。苻登心焦急躁，尹纬掌握先机，后发先至，大败苻登，军队溃散，苻登更是单骑逃亡。本来打算逃回弟弟苻广的雍城，不料弟弟守不住，早一步先溜了。另个考虑的地方胡空堡，本来是太子苻崇留守，可是儿子守不住，也早一步先溜了。大家都跑了，苻登无处可去，终于被后秦抓住生擒，终于处决。即便如此，苻登曾经誓死对抗姚苌，激励国士，三军士气高昂，人虽死，国虽亡，犹足为中原大地，存生人之气。

南宋应该得史之鉴，从历史中学到教训，好好努力才是。不料宋度宗即位之后，偷一日之安富，怀拥立之私恩，委国以授之权奸，特别是让贾似道为所欲为。宋度宗自己也耽于享乐，每天只想着喝酒与女人，纵欲玩乐，恬不知耻。终于，南宋一朝，到了宋恭帝，瓦解灰飞，莫之能挽，救不了了，谁来都一样。王夫之大发感叹，像宋度宗这样的皇帝，他的所言所行，与周赧王、晋惠帝，层次差不多，却可以寿终，不是死于亡国之乱。相较于无数的百姓生民，流离失所，死不瞑目，跟《宋史》说法有些类似，王夫之认为真是老天瞎了眼，没有给他足够的报应，运气太好了。王夫之又接着说，晋惠帝之立，许多大臣都抱怨，晋武帝所托非人。不过，晋惠帝是晋武帝的次子，兄长早逝，所以就法理情来看，晋武帝传位给晋惠帝，也算名正言顺，并不过分，也不奇怪。宋度宗就不同了，当年宋理宗儿子早死，膝下已无亲儿，选了半天，到底是怎么样的眼光与眼力，会选到宋度宗呢？是脑袋抽了风，还是心中定见太深？吴潜早就提出警告："臣无弥远之才，忠王无陛下之福。"宋理宗怎么没听进去呢？臣下都知道，都看得出来，你宋理宗天天看着这个未来的新皇帝，他是不是块材料，他能不能扛得起，你会不知道？本来嘛，按照常理，选贤与能，要找到合适的继任者。对这个人选，与大臣商讨，谨慎决定，才是正理。可是宋理宗似乎听不见看不清，独断独行，吴潜说了真话，宋理宗还不高兴。

再者，名正言顺，名不正则事不成，名位未正，废存之事，必定让人担忧，天下人更是会议论纷纷。宋度宗继位后的表现，果然证明了这点。王夫之不解，宋理宗怎么选，都该选个好的，却偏偏找到太祖的裔孙，从北宋到南宋，从宋太祖到宋理宗，所谓的后裔子孙，血缘早就很疏离了，宋理宗硬是要定了宋度宗，不是傻了吗？王夫之怀疑，可能是宋理宗晚年特多内宠，宦寺在内怂恿，奸臣在外推波助澜。

毕竟就这群人看来，宋度宗的性格，柔软无骨，貌似仁孝，似乎比起其他诸多皇子，更好说话，更好控制，更容易欺瞒，也因此宵小得以惑上。这些人的如意算盘，如果宋度宗真的即位了，将来分功分赃，免不了因为自己曾经的支持，会有许多好处的。

王夫之感慨再三，河山虚掷，庙社邱墟，难道都是贾似道这些人的错吗？归根究底，宋理宗的做法，真是愚不可及啊！

1274年，元至元十一年，南宋咸淳十年，宋度宗驾崩，皇子赵㬎继位，是为宋恭帝。《续资治通鉴》对于这段故事，没有给宋度宗什么评价，只是说了几句宫闱之事，流传民间。以至于坊间谈起宋度宗，人们总想不起来他在任内，除了有贾似道祸国殃民之外，到底还做了些什么事。

那么，《续资治通鉴》到底写了些什么样的八卦，吸引着后人的茶余饭后、谈资轶闻呢？

《续资治通鉴》说宋度宗还在当太子时，就好女色，喜欢美女。继位为皇帝后，从此不缺女伴，大把权力，可以大玩特玩，套句知名港星的话，他更是"犯了全天下男人都会犯的错"，酒、女人，每日在手，不可或离。根据宫中故事惯例，皇帝每天都会挑选嫔妃姬妾，生儿育女，做皇帝爱做的事。隔日早晨，受到宠幸的嫔妾，要前往特定地点，就是合门，《梦粱录》说合门"在和宁门外，掌朝参、朝贺、上殿、到班、上官等仪范"。合门，是专门负责官员朝参、宴饮、礼仪等相关事宜的政府机构，嫔妾前往登记，写明与皇帝一起睡觉的日期。宋度宗刚即位时，大概二十四五岁，年轻体力好，创下纪录，曾有一天，大概有三十多名女性前来登记，"及帝之初，一日谢恩者三十余人"，可见昨晚战况激烈，彻夜狂欢，一枝独秀到天明。

谈完了两位，几乎可以说是南宋的"末世皇帝"，接下来我们再来看看这位主角——贾似道。他在南宋政局风云中，也是卖力表现，本色出演，贾似道与几位末世皇帝同心协力，共同合作，把国家机器从运转自如，带向停电停工。南宋这艘曾经的大船，就像泰坦尼克号撞上冰山一样，撕成两半，最后，终于重重地跌入最深沉的大海。

三、贾似道：战功赫赫与奸臣当路

综观中国古今历史，有些人，常常变成《奸臣传》或《佞幸传》的主角，这种人从端平、嘉熙，到淳祐，到宋理宗死去的景定四年（1264），就出现不少，如丁大全、史嵩之、董宋臣、马天骥、卢允升等等。然相较于他们，我们这里要介绍的南宋最后的权臣贾似道，自然是有过之而无不及。贾似道人生的关键点之一，应该是嘉熙二年（1238）。这一年贾似道中了进士，才二十四五岁，堪称后起之秀、青年才俊。不过，早在七八年前，他的姐姐就以"文安郡夫人"的名衔，入了后宫，宋理宗注意到她之后，很受宠爱，又升为才人，一年之内，又成为贵妃。因为姐姐受宠的缘故，当然贾似道自己也很争气，科考通过，官运亨通。可是，根据时人的说法，指证历历，贾似道的进士文凭可能是作弊得来的。宋理宗与贾似道的关系极为特殊，也颇亲密。除了贾似道的姐姐受到宠爱之外，其实宋理宗本来曾有意打算立贾妃为皇后，只是最后因为其他因素，选了他人。或许宋理宗一直觉得对不起贾似道的姐姐，因而刻意善待贾似道，对其多有提拔，赏赐甚多，有放水的嫌疑。

不管如何，贾似道一路往上走，一边不断上位，一边剪除对手。后来，蒙古蒙哥派兵南下，从四川、京湖、广西等地发动攻击。在鄂州之战中，贾似道从汉阳进入城中，对抗蒙古军，他的对手就是忽必烈。蒙古久攻不下，想要挖地洞攻入，却被识破；想要攀墙进攻，也遭到南宋军队誓死对抗。南宋军虽有胜利，终究寡不敌众，后力不继，根据黄震的《古今纪要逸编》所言，贾似道屡屡想向蒙哥求和，都被拒绝。也算是贾似道的福分，运气来时，挡都挡不住。上天给了一个大礼包，蒙哥进攻四川，本来都很顺利，就在合州钓鱼城时，不幸身亡。

金庸小说《神雕侠侣》中写道：蒙哥一死，忽必烈急忙撤军。《神雕侠侣》对此的描写，倒是要言不烦，符合实情："蒙哥既死，其弟七王子阿里不哥在北方蒙古老家被王公拥戴而为大汗。忽必烈得讯后领军北归，与阿里不哥争位，兄弟各率精兵互斗。最后忽必烈得胜，但蒙古军已然大伤元气，无力南攻……"贾似道因祸得福，也不敢追击，倒是宋理宗却是高兴得不得了，仿佛吐了几年前失利的气。在贾似道回朝时，刻意到郊外夹道相迎，欢天喜地，众人喝彩不止。宋理宗还把他比喻为文彦博（历仕宋仁宗、宋英宗、宋神宗、宋哲宗四朝，出将入相，能文能武，长达五十年，是北宋著名的贤相）。

贾似道何德何能，竟能与他并列？

其后，贾似道也顺理成章地排除了左丞相吴潜，"战功赫赫"的贾似道只手遮天的时代正式来临。贾似道人生的关键点之二，应该是开庆元年（1259），丁大全罢相，宋理宗以吴潜为左丞相兼枢密使，贾似道自军中拜右丞相兼枢密使，宣抚大使。照理来说，吴潜罢相之后，事隔七年，重新再回到相位——其实，人生际遇起起伏伏，"三分天注定，七天靠打拼"，——代表宋理宗对他的才能与人品还是认可的，在朝中也应该有一定的人脉基础才是。吴潜自己的沉潜表现，颇有郭店楚墓竹简《穷达以时》所说"穷达以时，德行一也"的意思，用句台湾经典名曲的歌词，吴潜的故事，真的就是典型"一时失志不免怨叹，一时落魄不免胆寒"的"爱拼才会赢"。

不过，吴潜任相后半年就再度被离职。事情发展，甚至出乎他自己的意料。首先，民间不知哪来的童谣暗语，是这样说的："大蜈蚣小蜈蚣，尽是人间业毒虫。夤缘攀附有百尺，若使飞天能食龙。"蜈，可以联想到"吴"，声气相同，意旨即所指。成群的大小蜈蚣，都是人间毒虫，攀炎附势，飞上枝头，飞向天际，往往能食龙。龙，自然可以理会成皇帝天子。

传到了宋理宗耳里，宋理宗显然不是滋味，却又不好发作。

我们睽诸史料，细心分析，吴潜"罢了又罢了"（套改用鲁迅的名言"革了又革了"），最大的原因还是在于两个人——宋理宗与贾似道。

其次是贾似道与吴潜的恩怨情仇。两人较大的摩擦在军事问题方面。刘一清的《钱塘遗事》说经过吴潜的建议，某次下诏，交代换防，要贾似道移司黄州，黄州在鄂下流，正是四战之地，乃北方骑兵往来的要冲，颇为危险，不容易防守驻扎。贾似道听到命令之后，认为吴潜是故意要为难他，置他于险地、危地、死地，极不谅解。当然，最后贾似道到了黄州，并没有遇到什么生命危险，虚惊一场，否则日后宋代历史也不会有这号出名人物了。不管如何，贾似道与吴潜的梁子是结下了。贾似道怀恨在心，既然吴潜要针对他，睚眦之怨必报，更何况生死大事的仇？

至于吴潜与宋理宗的关系，前面已经提到。吴潜当年所说"臣无弥远之材，忠王无陛下之福"言犹在耳，宋理宗已经不爽很久了。宋理宗对吴潜已有偏见，以至于《宋史》说蒙古愈来愈强，曾渡江南下，宋理宗吓得半死，与大臣讨论该如何解决。吴潜建议迁都以避其锋，宋理宗说我迁都，那你打算怎么办？吴潜想留下来，誓死尽忠，为国殉节，鞠躬尽瘁。本来一腔热血，为宋为君，不料宋理宗听来，全不是这么回事，他直觉吴潜心里有鬼，想留下来，才不是嘴巴说的那样好听。宋理宗甚至还哭了出来，"若使飞天能食龙"，觉得吴潜应该是想效法张邦昌，自立为帝。张邦昌是谁？宋理宗想的竟然是此号人物？靖康之变以后，金朝扶持张邦昌为大楚皇帝，建都金陵，其实就是傀儡，作为政治上的宣传与号召。

宋理宗竟然以为吴潜想当张邦昌，还是哭着说出，可见心中已经完全把吴潜想象成蜈蚣，准备要吃他这条皇帝天子龙了。此语一出，将吴潜吓得半死，立刻闭嘴，再也不敢接话。这个时候，侍御史沈炎出马，他接到贾似道的指示，弹劾吴潜。沈炎，字若晦，嘉兴人，宝庆二年（1226）中进士。后来又担任监察御史、右正言、左司谏、殿中侍御史、侍御史。沈炎与吴潜也有过节，曾被吴潜弹劾纠正过，如今机会来了，此时不报仇，更待何时？于是吴潜回到相位，不过半年，又被赶走了。

沈炎把事情办妥之后，扶摇直上，得到关照。景定元年（1260），拜右谏议大夫，加端明殿学士、同签书枢密院事兼太子宾客。隔年，拜同知枢密院事，兼权，参知政事，以资政殿学士提举洞霄宫。景定三年（1262），进大学士，退休。死后又追赠少保。《宋史》说沈炎曾经弹劾福建转运使高斯得、观文殿学士李曾伯、沿江制置司参谋官刘子澄、左丞相吴潜等人。基本上，沈炎与郑寀类似，居言官之重，却不辨君子小人，不辨忠奸善恶，凭着主观好恶，受人指示，为着利益与私怨，把弹劾当成一种报复武器。

由此我们也可以看出，贾似道的手段，利用弹劾、打击政敌。以近五六十年的历史来看，这也是韩侂胄以来的套路玩法。其实，监察御史、殿中侍御史等等，在中国官制史上，尤其是唐宋时期，台院、殿院和察院，都属于御史台管辖，旗下有殿中侍御史、侍御史和监察御史，同属为侍御，都是言官。监官和谏官，古称台谏，通称言官。负责监察百官，并适时对君王提出谏言。当年韩侂胄想打击赵汝愚，问计于刘弢，刘弢说："惟有用台谏尔。"藉由公权力量，师出有名，大义凛然，合理又合法，韩侂胄、史弥远、贾似道等人，还有与之配合的谏官，从刘德秀、杨大法，到如今的沈炎。这些人玩起来，根本得心应手，简直天衣无缝，配合得完美无缺。

贾似道玩弄权术，确实很有一套。就这方面来说，我们不得不给他一百个赞。更何况，相较于前辈韩侂胄、史弥远等人，贾似道似乎又更胜一筹，因为贾似道操纵、控制了用人权，通过聘任自己人为台谏，掌握了言路，决定谁来谁走。事实上，从吴潜罢相，贾似道开始独揽大权，他多头并进，或建立人马，或专断独行。对宋理宗的怠惰及对他的信任，贾似道分寸掌握得很好。本来乔行简或吴潜任相时，就有分工的情况，一方面是业有专精，各有所长，另方面是避免专权，惹人嫌话。贾似道也采取了这个办法，他建议宋理宗对待朝廷政事，分工合作，选贤与能，效率更高，不过贾似道聪明的地方，在于宋理宗用的人，基本上都听命于贾似道。如果有人自命清高，不屑与贾似道为伍，如皮龙荣等人，要么被排挤，要么被贬逐，反正都不能留。《宋史》就说，李芾、文天祥、陈文龙、陆达、杜渊、张仲微、谢章辈等人，不满贾似道，结果"小忤意辄斥，重则屏弃之，终身不录"。

咸淳九年（1273），襄阳城破，贾似道亲信——"吕家班"的吕文焕出降。隔年，1274年，元朝至元十一年，南宋咸淳十年，宋度宗驾崩，元军已攻占鄂州，南宋政权，岌岌可危。舆论要求贾似道亲征出战，贾似道当然不愿意，只是国事危急如此，箭在弦上，容不得贾似道拒绝了。贾似道虽然上阵，摆明着不想打，不愿打，也不能打，他只想求和。他通过管道，传信息给征宋总帅伯颜，要割地、赔款，自称儿子、侄子，都没问题，只希望能停战。伯颜拒绝，大骂了贾似道一顿。咸淳十一年（1275），贾似道在鲁港迎战，宋军几乎是不战自溃。贾似道听说前线不利，立马开溜。史书上称为"丁家洲之战"，其实也没啥战，南宋军、贾似道都只是跑而已。最后，朝廷究责，虽然很多人主张要处死贾似道以谢天下，朝廷终究没有下手，先是贬他为高州团练副使，朝野舆论都不满意，才又流放到循州。

不过，作恶多端，天不收拾他，也会有人收拾。会稽县尉郑虎臣，因为父亲郑埙曾受贾似道迫害，他要为父报仇，于是主动要求，希望能由他来押解运送贾似道。结果，贾似道当然也没去成循州，在路途中，受到郑虎臣折磨痛骂。《宋史》说一开始，贾似道还有侍妾数十人陪行，通通被郑虎臣赶走。车队曝行秋日之中，贾似道又累又饿，又渴又倦，郑虎臣还命令轿夫唱杭州歌谣，故意戏谑讽刺他，甚至直接痛骂贾似道，污辱再三。经过古寺，墙壁上有吴潜题的字，郑虎臣对贾似道说："贾团练，吴丞相何以至此？"此情此景，狗落平阳，贾似道什么话也说不上来。行行又行行，又走了好几天，贾似道车队到了漳州木绵庵，郑虎臣终于要一个结果了，他要贾似道自杀，贾似道不愿意，还说："太皇饶我不死。要我死，可以，有诏书来再说。"郑虎臣不忍了，大喊我要为天下杀国贼，于是又勒又打又揍，活生生打死了他，一代奸臣贾似道，终于身死。

汪宗臣有《嘲贾似道》诗："贾秋壑，魏公爵，台州鬼，扬州鹤。气盈色骄逞才略，欺天罔人无愧作。帷幄不能筹，金汤弗能作。费尽世间铁，铸此一大错。"汪宗臣将贾似道比作"鬼""鹤"。贾似道是台州人，兵败逃于扬州，还以为可以躲过惩罚，闲云野鹤。诗人讽刺贾似道没有实学，没有真才，不能运筹帷幄，不能为国战死，只是愚弄欺骗众人罢了。南宋灭亡后，许多忠义之士，与国偕亡，历史永远记得他们，万世流芳，贾似道呢？"宋亡感激忠义多，遗臭如君枭獍恶"，只有千古臭名、恶名而已。《宋史全文》也批评贾似道不学无术，因为姐姐的关系，攀亲带故，只懂得玩弄权术。缺乏休休有容之量，忌疾之心又重，主观好恶横于胸中。好谀恶直，进佞退贤，粉饰太平，讳言边事。又杀功臣，以失士大夫之心，行公田以敛财，江浙之民，怨声四起。日积月累，所行所事多失人心，终于灭国覆身，"擢发不足数其罪！"

当时不少人，很不齿贾似道的行为。高斯得，本名斯信，字不妄，师从魏了翁。他在《耻堂存稿》中就痛批贾似道，说昔日的奸臣，崇观（北宋宋徽宗年号，崇宁、大观的并称）的蔡京，或是绍兴（宋高宗年号）的秦桧，嘉定（宋宁宗年号）的史弥远，都是贪恋地位，对权势有着异于常人的渴望。但是这些人知道自己奸邪，也就老实承认，不会搞些虚名邀誉的。贾似道则不然，要利要权也要名，非要把所谓的好名声做起来，其实都是沽名钓誉，骗得了自己，又岂能骗得了天下人？于是每几年总要装模作样，假装求去，要退休，要养老，要闲云野鹤，要过自己的隐居日子、称疾退官。其实根本不想走，不过内以要挟君王，外以邀名誉，从头到尾骗骗骗而已，真是恬不知耻，滑天下之大稽。

要挟君王，怎么说呢？原来每次贾似道求去，他可不是要君王挽留，只是做个样子而已，有时还要求君王演戏演全套，要做足十分才肯。于是逼迫人主，仓皇迫遽，匍匐恸哭，只为了要留下自己。高斯得骂得痛心疾首，又说贾似道啊贾似道，你这个人没有自知之明，贪嗜权势，聚敛积实，跋扈恣睢，无所不至，把正人好人当作敌人，看到真正的恶人坏人，又怕得要死。偏偏你又大权在握，国家竟然被此人弄到这般田地，呜呼，痛哉！

不过，爱之欲其生，恶之欲其死，高斯得虽然以正人君子自命，确实也立身严谨，学养也好，但是君子的主观好恶，也与一般人差不了多少，有时因为自持正义，把邪恶的一方看得太偏差了，以至于骂起人来，推测起事情来，同样也是大义凛然，刚正不阿，特别用力，想象力特别深刻。如他说贾似道被贬之后，政府官员前往贾府，查封没收家产，清点时，竟然发现有御衣、玉玺、玉带等等。高斯得言下之意，贾似道似乎有自立为皇，想要取而代之的意图。除此之外，高斯得还说，官员还搜到了贾似道与降元叛将陈奕、吕文焕、刘整互通的信件。显然贾似道玩两面手法，一方面在南宋当大官，一方面与蒙古勾结，若是哪天情势不对，都有投靠蒙古的可能。

为什么说高斯得可能造谣呢？我们都知道，高斯得与贾似道是同时代人。照理说，他所见所闻，应该颇为真实，这些记载，都在他的著作《耻堂文集》中，后亡佚。清初开四库馆时，又据《永乐大典》，辑为《耻堂存稿》八卷。但是后世史书如《宋史》等书，确实采用了这段历史，《宋史》就说嵘叟、应麟等人，上奏说贾似道家里，搜到乘舆服御等物，"有反状"。不过事情显然没有这样简单，因为当贾似道兵败逃亡失势之后，朝野一致希望处死他。太后偏偏不肯，只愿意流放算了，郑虎臣押送贾似道到流放地，公报私仇，百般凌辱，这时"恰巧"有大臣在贾似道家里搜到了证物，当初似有谋乱的意图，要求审问。这些可能都是在舆论压力下制造出来的，目的都是希望能处死贾似道，正如《宋史》所记"乞斩之"。

《宋史纪事本末》的说法则是"先是，台谏、三学生皆上书，请诛（贾）似道"，并未提及搜索"证据"一事。但是说贾似道有投靠蒙古的意思，可能性就不大了。一来他不见容于伯颜，二来他与刘整的通信，未必是投靠，很可能谈的是求和。更何况刘整降蒙古，起因于吕文德的猜忌，刘整向朝廷申诉，又得不到回应。没有回应也是很正常的，因为吕文焕、吕文德，根本都是贾似道的人。刘整对于贾似道，未必有什么同情心，就算真的有通信，也可能是交战期间的心理战、情报战。

值得一提的，贾似道的专权，唯我独尊的"恶人"形象，在后世小说戏曲等文学作品中，不断被渲染、改写，也印证了孟子所说："君子恶居下流，天下之恶皆归焉。"《宋史》说襄阳城被围困，结果贾似道日坐葛岭，起建楼台亭榭，取宫人娼尼有美色者为妾，日日淫乐其中，赌博，喝酒，嬉戏，无所不为，"尝与群妾踞地斗蟋蟀"，宾客调侃，这难道也是军国大事吗？江湖传闻，贾似道甚至还作有《促织经》。促织，就是蟋蟀的别名，此书专讲蟋蟀，从外形大小颜色，到四季养法等等，可谓专门达人。不过，《全宋诗》只是说贾似道"辑有《促织经》二卷"，如高新华《全宋诗所录促织经诗歌考辨》所言，现存最早的版本，是明代周履靖编辑《夷门广牍》丛书本，原书题款为"宋秋壑贾似道编辑，明梅颠周履靖续增，金陵荆山书林梓行"，所以贾似道并不是作者，只是编者，《促织经》后世还有周履靖添补。

贾似道与蟋蟀的故事，实在耳熟能详，飞入寻常百姓家，深入人心，流传甚广。后来好事者，或小说演义，纷纷用此题材，大加发挥，批判贾似道的误国殃民，讽刺政治上的丑事。2003年，由北京佳韵社文化传播有限公司出品、晓山执导的一部古装电视剧，王刚、何冰领衔主演，共三十五集，剧名就叫作《南宋传奇之蟋蟀宰相》。

又例如，《钱塘遗事》说贾似道在西湖之上，尝倚楼望湖，诸姬皆从。刚好有两个帅哥，道装羽扇，搭乘小舟，由湖登岸。一位姬妾说了句："美哉！二少年。"贾似道醋意顿起，皮笑肉不笑，说你要是喜欢，我帮你下聘说个媒啊！姬妾还以为是大老爷调情，说说笑，也就没答话。结果没多久，贾似道命人抬出一个盒子，唤诸姬至前，说这是刚刚要为某姬受聘的事，诸姬们打开一看，大叫，纷纷躲避，吓死了，盒子装的，原来是那位姬妾的人头，死不瞑目呢！

《钱塘遗事》的作者刘一清，元朝人。这个故事，历经《绿衣人传》《西湖游览志馀》的传播点染，到了明代万历年间的传奇《红梅记》，变成了有详细前因后果，有叙事、有情节、有张力的完整故事。《红梅记》的故事，大概是说书生裴禹与卢昭容相爱，不料遭到权相贾似道的阻挠，而贾似道的侍妾李慧娘，又因为被贾似道杀死，后化为鬼。冥冥之中，似有天意，终于成就裴禹以及卢昭容的爱情姻缘。

清代乾隆、嘉庆年间，又有人编写重作，删去卢昭容，改为裴禹、李慧娘相爱，命名为《红梅阁》。根据张春晓的研究，他在《"权奸"的明代演绎——以通俗文学中贾似道形象嬗变为中心》，就说明代小说戏曲中，贾似道形象的变化，总体来说，是贬抑贾似道及其门客，他们愈是不堪猥琐、无情无义，愈是残忍好杀、荒淫无度，愈能提升对手形象。《红梅记》中的贾似道，性格自以为是，眼光如豆，气量狭小，又贪财好色，奸邪狡诈，集诸多负面形象于一身。作者周朝俊，把贾似道杀妾故事嫁接一处，写李慧娘游湖，因为当时贪看裴禹，不经意地称赞"美哉一少年"。《红梅记》作者周朝俊，把原本《钱塘遗事》所记的二人，改成一人。又虚构李慧娘因为这声惊叹，引起贾似道杀意，终被贾似道杀害，并埋葬于牡丹花下。《红梅记》第四出《杀妾》，周朝俊就虚构了这段话，贾似道说："昨日泛舟湖上，叵奈侍妾李慧娘看上一个美少书生，一念痴情，十分流盼。我想那书生纵无磨勘之谋，这妮子到有红绡之计。不如轻轻断送也，勾除俺胸中一笔。"而美少年裴禹，为免贾似道强娶卢昭容，冒名未婚夫婿，故意被掳入贾府，由此成就和李慧娘的一段人鬼未了情。《红梅记》在 1958 年由江上清为编剧，顾志刚作曲，田野导演，同年由西安市越剧团演出。此外，还有 1981 年播出的电影《李慧娘》，主演的是胡芝凤、詹国治、许鸿良等人。故事架构大概是，歌姬李慧娘因敬慕太学生裴舜卿，奸相贾似道却将其处死，女鬼冤魂在明镜判官的帮助下，重新回到贾府拯救裴舜卿的故事。孟超根据《红梅记》以及《红梅记》改编剧目《红梅阁》，在 1960 年初所创作的昆曲剧目，剧共六场，分别是：《豪门》《游湖》《杀妾》《幽恨》《救裴》《鬼辩》。这些影视剧，贾似道的形象多是奸臣、坏人、恶汉、小人、祸国贼、好色无耻之徒。

　　此外，明代短篇小说《木绵庵郑虎臣报冤》，也延续了《山堂肆考》的忠义化改编添写，把郑虎臣塑造成了忠臣孝子。小说中描写郑虎臣捶杀贾似道，写得生动灵活，如在目前："将大槌连头连脑打下二三十，打得希烂，呜呼死了。却教人报他两个儿子说道：'你父亲中恶，快来看视。'儿子见老子身死，放声大哭。虎臣奋怒，一槌一个，都打死了，却教手下人拖去一边，只说逃走去了。"《宋史》所说的"吾为天下杀（贾）似道，虽死何憾？"，到了《木绵庵郑虎臣报冤》，也被改成"吾今日上报父仇，下为万民除害，虽死不恨矣"。张春晓就认为，这样的形象，带着明代演义小说的英雄草莽之气，具有鲜明的自觉主动意识。

　　最后，我们必须也要指出，人都是立体的，只平面地去看，当然除了好坏黑白，就没有其他颜色了。似乎他们很坏、超级坏、天下宇宙无敌坏，就没有优点，就没有才干，就一无是处了。其实，贾似道也不是完全的坏，他也有过辉煌的日子，让人打从心底佩服。例如鄂州之战，贾似道身居高位，为了保卫国家，为了打赢战争，与军队士卒同甘共苦数月之久，不辞辛劳。刘克庄还赞扬贾似道，说能保全孤城，让对方退兵，可谓不世之功。忽必烈也曾经称道贾似道的才能，希望手下也能有这样的才干之臣。贾似道也提拔过文天祥等人，可见他不完全是有眼无珠，滥用私人。

　　或许，贾似道有他的心路成长历程，又或者是他与恶的距离，似乎就是权势愈大，欲望愈强，愈来愈堕落。

四、孟珙和李曾伯经营襄阳

我们梳理了宋理宗与宋度宗，还有贾似道的主线故事。在这段时间中，本书的重点地区襄阳又是如何的景况呢？

这也与本节所提到的两位人物有关：孟珙和李曾伯。

我们曾提到过，日暮西山的金国，自从贞祐南迁，朝政每况愈下。南宋见机也想占点便宜，本来谈好说定，每年要向金国称侄纳贡，这回决定不给了，取消了，以各种理由推托，反正就是拒绝再给金朝岁币。金朝方面得知，可不乐意了，他们决定要给南宋一点惩罚——打仗，派出乌古论庆寿、完颜赛不等人，南征宋朝。

这一年，是1217年，蒙古太祖十二年，金贞祐五年，南宋嘉定十年。孟珙父子，就是在这场金对宋的战争中负责抗敌、保卫襄阳的重要将领。孟珙（1195—1246），字璞玉，祖籍绛州（今山西省新绛），随州枣阳人。在说到孟珙以前，有必要先提起他的父亲孟宗政，字德夫，是岳飞部将孟林之子。开禧二年（1206），韩侂胄开禧北伐时，任命孟宗政为枣阳县令，京西路赵方、吴柔胜也推荐孟宗政，觉得他是个人才，值得培养，于是转秉义郎，任京西路钤辖，驻守襄阳。嘉定十年（1217），金军进军，直指襄阳时，孟珙独具慧眼，他的战略思维是他认定金军必定先犯樊城。于是他向父亲献策，应该要先发先至，再打个对方出其不意，《孙子兵法》所说"凡先处战地而待敌者佚"，以逸待劳，精准判断，孟珙显然就做到了这点。他预判了金军的目标与意图，让南宋军方化被动为主动，极为有利，而《孙子兵法》也说"故知战之地，知战之日，则可千里而会战"。孟珙更是完美诠释了这句话。孟宗政听了，觉得儿子的判断推测非常有道理，很同意他的方案。结果，南宋军队埋伏于河旁，果然等到金军，南宋趁势进攻。孟宗政与统制扈再兴、陈祥各领一军，三处设伏，喋血以战，人人奋马当先，果然重挫金兵，取得了漂亮的胜利。

曾推荐孟宗政的赵方，听到胜利捷报，大喜过望，命他前往救援枣阳。孟宗政接到军令，立即准备，隔天一大早，军抵枣阳，驰突如神，迅雷不及掩耳。金人情报未达，突然见到南宋军，骇异非常，简直不敢相信自己的眼睛，趁了夜色，全军连忙撤走了。

南宋政府，又以孟宗政代理枣阳军，负责防御军事。孟宗政筑堤积水、修建城墙，检阅士兵，点算粮草，积极备战，官兵们士气高昂，磨刀霍霍，不在话下。孟宗政治军有多严谨呢？话说有孟宗政喜爱信任的仆人，犯了新订的军法。大家都以为处罚是免不了，但不过装个样子，有个形式，毕竟爱仆嘛，又是新令，大家还不熟悉，交代一下就算了。没想到孟宗政听说此事，二话不说，立刻下令处决，此举一出，军民战栗，兢兢业业，循规蹈矩，不敢犯规逾越。

本来，金朝因为天气、财政、军备等等，难以为继，最重要的是，蒙古继续攻金，内忧外患，金国实在打不下去了。同年十月，右司谏兼侍御史许古上疏，希望先遣使与宋议和，金宣宗答应了，命令许古起草同宋议和的和牒，写完之后，发给大家看，宰臣们认为这封文书写得太软蛋，辞卑气衰，有祈求之意，示弱无助，实无足取，于是和谈这事不了了之。

嘉定十一年（1218），金军将帅完颜赛不率领步骑兵大军，再度围城。孟宗政与扈再兴搭配，合作抗敌，双方你来我往打了三个月，大大小小的战役，拼了七十多场。孟宗政往往一马当先，身先士卒，勇猛异常。多数时候，金军战败打输，非常不服气，在城旁四周凿了河，金军大军四面，环环包围，认为这样做，南宋军应该是进也不能，退也不得，插翅也难飞。金军更是整军备马，兵列濠外。孟宗政见到金军的做法，心中也有了盘算，重金招募了一批敢死队，屡屡乘间突击，左冲右刺，打得金军左支右绌，首尾不能相顾。就在双方敌消我长之际，南宋援军到来，鼓声相闻，南宋士气更是高昂。孟宗政趁势率领诸将，出城迎战，金宋交锋，弓矢相交，兵刃相接，几经鏖战，金人奔溃而逃，宋军欢呼大胜而归。朝廷收到战果之后，宋宁宗颇为满意，赏赐孟宗政金带，转武德郎。

隔年，嘉定十二年（1219），金军再次来袭。这次换成完颜讹可率领步骑兵大军，增兵再攻，对手依然还是孟宗政。孟宗政防患未然，以囊糠盛沙，盖覆楼棚，列瓮蓄水，以防备火攻。金军先选了精骑兵二千，号称弩子手，以云梯、天桥搭接，企图藉此登墙，攻入城内。另外又募凿银矿石工，昼夜赶工，挖地洞，希望能让城池塌陷，方便进攻。最后更是运茅苇，直抵圆楼下，用火攻，打算焚楼。这些伎俩，一一被孟宗政识破，他的做法是先毁楼，掘深坑，防地道，创战棚，防城损。又募炮手轰击，一炮打出来，威力强大，往往能杀数人。对方如果想穿地道，设陷阱，孟宗政即施毒、放烟、燃烈火，鼓鞴以熏之。金人也有反制之道，用湿毡裹鼻，析路刳土，一路钻进，结果城颓楼陷。孟宗政先撤楼，然后收集木材、易燃物品，堆叠放到洞口，架火山以绝其路。又募集勇士，以长枪劲弩，防备对方冲进来。在距离楼陷的地方数丈处，筑偃月城，衺百余尺，用羽翼来保护正城。孟宗政更是亲自督工，五日便成。金人又以强兵精兵，披厚铠、毡衫、铁面，增加防御能力，然后派这些人登上云梯，想从西北方圖楼登城，准备强攻。孟宗政当然不从，反抗到底，城内士兵，挥舞长戈，对方盔甲护身，不能攻击身体四肢，就刺穿敌人的喉咙，金兵受伤，直接从云梯、天桥掉下去，没被刺死，往往也摔死了。

城上打得火热，城下又派出敢勇军夹击金兵。两军交战，金戈铁马，从早打到晚，死伤踵接，梯桥尽毁，金军始终占不到上风。孟宗政更是激励将士，持续血战，凡十五阵，矢石交锋，金兵死者千余人。战况不利，金人愈忿愈急愈躁，炮愈急，死伤愈多。又从傍晚打到三更，金朝军队，横尸遍地。完颜讹可见情况不对，弃帐逃走，南宋军再次得胜，计算战果，获得辎重牛马万计。

前线捷报传来，朝中大喜，宋宁宗也开心，计算守功，评功论赏，又升孟宗政为武功大夫兼阁门宣赞舍人，重赐金带。

此时，制置司因为湖阳的疆界，与金朝国境相接，希望转守为攻，不要被动地防守，邀孟宗政主动出击。孟宗政得到命令之后，速战速决，燔烧积聚，夷荡营砦，俘掠以归。从此之后，襄阳、樊城、枣阳等地，金人是想都不敢想，不愿再打了。孟宗政认为这些地方是战略要地，北军南下，必经此处，于是严防诸地，整军戒备。而中原许多人，往往南下投靠他，孟宗政对他们也多有救济，给田、建屋，将他们安顿，这样增添人手，又增战力。孟宗政选其中勇壮之士，亲自训练，号称"忠顺军"，颇有威名军功。因为战功彪炳，名声太大，金人每次听到孟宗政，不敢说其名，而是尊称"孟爷爷"。

孟宗政治军严明，赏罚皆有据，有功者，即便跟他有怨，仍旧奖赏，有罪者，即便是至亲，依然处罚。好贤乐善，出于天性。孟宗政读书不多，也没学过兵法，所行所令，其治军用军的思维，往往与兵书暗合。也因为对百姓有恩，对国家有功，病逝于枣阳任上，身死之日，边城甚至罢市，军民百姓恸哭。南宋朝廷，赠孟宗政为太师、永国公，谥忠毅。《史记》写李广，引用《论语·子路篇》"其身正，不令而行；其身不正，虽令不从"。为政者，如果自身行为端正，行得正坐得端，无须下命令，百姓也去做；反过来说，自身行为不端，即使三令五申苦口婆心，百姓也不愿服从。身正民行，风行草偃，上感下化，才是王道。孔子说的是为政者，其实广义的领导者，又何尝不是如此？《史记》又说李广死时"（李）广军士大夫一军皆哭。百姓闻之，知与不知，无老壮皆为垂涕"，桃李不言，下自成蹊，古今辉映，想来，孟宗政亦有类于此。

孟宗政虽死，子传衣钵，不辱父名。孟宗政有十个儿子，分别是孟玺、孟琛、孟璟、孟琪、孟斌、孟玘、孟璋、孟珠、孟璇、孟瑛。其中一位，或许其勇猛、治军、战功、贡献，青出于蓝更胜于蓝，子承父志，不辱父之威名，或许更胜于其父，这就是孟珙。

年少时，孟珙和孟璟、孟璋、孟瑛兄弟四人都在父亲孟宗政军中。孟珙兄弟与父亲一起守城抗金，上述父亲的战功，孟珙都有参与，并且深入其中，往往身先士卒，父子联手。当年宋孝宗、宋光宗，所谓父子（非血缘）办不到的同心协力，孟宗政、孟珙倒是完美达到了。孟氏家庭，也只是孟珙有名而已。孟珙曾镇守江陵，哥哥孟璟则是镇守武昌。按照朝中惯例，为了避嫌，私相授受，没有兄弟同在一路的。孟珙上书，请求回家务农退出，朝廷当然不同意。毕竟这位置太重要了，一定要有人才才好。

金朝这几年南下攻击，大多灰头土脸，最强劲的对手蒙古，却是愈来愈强。绍定五年（1232），蒙古统帅拖雷绕道迂回前进，即将到达汴京，金国得到情报，派出完颜合达、移剌浦阿，顽死抵抗。不过，蒙古多路进击，又有窝阔台汗率大军渡河，并且派速不台作为前哨，马蹄扬尘，剑指汴京。

金朝完颜合达与拖雷在三峰山相遇，仇人见面，分外眼红，立马决战。场上铁骑剽悍，鼙鼓雷鸣，血染盔甲，杀声震天。金军虽然精锐，训练有素，显然蒙古军更强，金军节节败退，不断被冲散、撤退，张惠、完颜合达、完颜陈和尚、移剌浦阿等金军将领，纷纷阵亡。蒙古军长驱直入，包围汴京，金哀宗打也打不过，只能派出使者求和，谈条件。双方使者往来，谈得不顺利，更不愉快，屡有龃龉，金朝还杀了蒙古的使者。谈判破裂了，蒙古军又再度包围。金哀宗苦苦支撑，实在撑不下去，只得弃城逃亡，汴京失守沦陷。

金朝也真的是气数将尽，《续资治通鉴》说南迁之后，朝野上下，不知所谓，根本没有进取雪耻之心，无恢复之谋，就是吃喝玩乐，麻木度日。有事发生时，低言缓语，互相推让。若有四方灾异，民间疾苦，大臣们看到奏章，大多推诿，难以上达，还自我安慰地说，不想让皇上太操心。事情紧急，就是开会再开会，不断开会，始终没有结论，又或者，结论就是：下次开会再决定。如此反复，一而再再而三。若是有血性，想要改革，往往被当作生事妄动之人物，或打压，或排挤，或调遣，反正能拖一天是一天。蒙古压境，则君臣相对哭泣，无可奈何，又或是殿上长吁短叹，无法可想。当蒙古军稍退，立马大张旗鼓，以为得胜，饮酒作乐庆祝。如今惨况，金哀宗一路南逃，蒙古军紧追不舍。南宋也有动作，孟珙得到情报，金朝的恒山公武仙败逃到南阳一带，心仍不死，还在收拢散兵，准备重振旗鼓。

武仙，威州人，曾为道士，在金朝兴定四年（1221），授任知真定府事，后投降蒙古，显然身在蒙古心在金，武仙杀死史天倪，又背叛蒙古，回归金朝怀抱。金朝正大五年（1228），金哀宗复封他为恒山公。金朝天兴元年（1232），武仙随完颜合达等人，同在三峰山遭遇蒙古军，金朝大败，武仙奋力突围，逃至南阳，慢慢收拢败卒，立官府，聚粮草，修器仗，希望东山再起。武仙分析当前情势，汴京早已为敌方所有，金哀宗更是已经逃到蔡州。他觉得与其坐以待毙，不如主动出击，先抢下制高点，左思右想，认为若是入蜀，进可攻，退可守，以为据点，复兴金国，是当下的上上策。武仙既有计划，派出武天锡进攻光化县，地点在今天湖北随州市东南光化铺乡附近，这是当年入蜀的通道。孟珙早就预判了武仙的计划，率军阻挡，把他们打得落荒而逃，武天锡更是直接阵亡。

不过，即便是大获全胜，但武仙主力仍在，不可忽视。孟珙对京湖制置使史嵩之——史弥远的族侄——说出他的分析，他又预判了武仙的计划。

孟珙认为武仙不会放弃入蜀计划，所以会进军吕堰，史嵩之同意他的看法，派出军队。果不其然，孟珙在吕堰攻破金军。《金史》说"（史）嵩之益知仙军虚实，使孟珙率兵五千袭仙军于顺阳"。其实不只是史嵩之的情报准确，主要还是得益于孟珙的料敌机先。

根据《金史》的记载，孟珙与武仙之战，并非全部获胜，也有几次战役，是孟珙打输的时候，只是影响不大。而孟珙持续向北进兵，迫近邓州。邓州守将伊喇瑗与武仙有嫌隙，又害怕自己像武天锡一样，非但挡不住孟珙，搞不好还得战死沙场，白白送命，于是投降。孟珙也是胜不骄败不馁，深知用兵之道，对降将待之以礼，多加慰问，不妄生事端。

没多久，武仙的另名大将刘仪也投降了。得到刘仪，等于得到武仙军的重要情报，刘仪把自己所知道的军情，包括武仙军的位置、布防、阵地、人员、武器装备等等，都供出来了。原来武仙所据者，有九寨，其大寨石穴山，以马蹬山、沙窝、蚰山三寨为主，阻挡其前。若是不攻破这三寨，是打不进大本营的。更重要的是，若能先破离金寨，则蚰山、沙窝等地，便孤立无援。孟珙既知虚实，自然不会客气，长驱直入，遣兵攻离金寨，掩杀几尽。当天晚上，又派出精兵壮士，夜袭王子山寨，又顺势把沙窝等寨也拔了。连续几天，进击顺利，杀戮不停，只花了六天，就破了七寨。孟珙召开战前会议，指出如今情势，想必剩下的两寨，早已闻风丧胆，若能不战而屈人之兵，更有助于我们直接面对武仙，于是派人前往招安。

孟珙此时，再次预判了武仙的想法。他认为连战之后，武仙势穷，若想得知军情战况，必定上蚰山绝顶，居高临下，观风察微，于是命令樊文彬埋伏其旁，等待猎物上钩。果不其然，武仙登山，樊文彬等待多时，突然现身，神威凛凛。伏兵四起，武仙众人不曾预料，惊慌失措，急忙撤退，慌忙间，人马枕藉崖谷，丢弃铠甲，堆积如山。

薄暮时分，孟珙又进军至小水河。降将刘仪进言，"看此态势，武仙的动向，应该是打算前往商州，依险以守，不过士兵士气低落，前途茫茫，显然不愿北去"。孟珙认为不可错失，进兵不可缓，否则生变。简单召开军事汇报之后，蓐食便行，此时积雨绵绵，道路泥泞难行，樊文彬颇为焦虑，颇有退意。孟珙则觉得机会不能错失，坚持继续前行。南宋军直至石穴，分兵进攻，从寅时打到巳时，终于大破对手。武仙再次逃走，一路上不断被追击，打了又退，退了再打，易服再遁，不知所踪，剩下的金军，全部弃械投降，孟珙"降其众七万人，获甲兵无算"。《金史》则说是武仙其实还活着，直至金朝灭亡，武仙粮尽，将士大怨，纷纷散去。武仙无所归，乃从十八人北渡河，其间又逃了五人，到了泽州，被戍兵所杀。

孟珙的胜利仍在继续，进围唐州，杀死金国将领乌古论换住。乌林答胡土战败，落荒而逃。乌古论黑汉死守唐州，城中粮食已尽，只杀妻子儿女为食，即便如此，终究独木难撑，还是被孟珙攻克。

没多久，蒙宋联军在蔡州攻灭金国。金国自被围以来，将帅战没或逃亡者甚众。蒙古兵又凿西城为五门，督军鏖战，及暮及退，屡屡扬言，来日复集，终有一天等到你，迟早攻克。

金哀宗无法可想，无处可逃，只能集合百官，传位于金末帝。

《续资治通鉴》记载，孟珙与蒙古兵将领塔察儿等人同围蔡州。有投降者说，城中绝粮已三个多月，没得吃了，就把鞍靴战鼓通通拿来煮烂充饥，城中更是老弱互食。逼不得已，守军每天只能以人畜骨和芹泥开饭。很多人撑不下去，都想投降了。

孟珙听闻，知道机会来了，命令诸军衔枚，分运云梯，满布城下。孟珙部将马义架云梯，率先登城，赵荣继之，南宋军更是一拥而上。双方大战城上，乌库哩镐及其将帅二百多人纷纷投降，此时南城已立宋帜。没过多久，孟珙招呼江海、塔齐尔的军队入城，完颜仲德率领精兵一千多人，仍在抵抗，不过已是强弩之末，没多久，就被消灭了。

1234 年，金天兴三年，南宋端平元年，蒙古联合宋军，围攻蔡州，城陷之日，金哀宗自杀，金末帝死于乱军之手。

孟珙收拾金哀宗遗骸，带回南宋，送到太庙，祭祀牺牲，告慰宋朝历代先人：宋朝的死敌金朝终于失败被消灭。皇室贵族，平民百姓，不分男女老少，举国欢腾，雀跃开心。

之后的事情，就是前面提到过的，蒙古因故北撤，南宋毁坏盟约，发生"三京之役"与"端平入洛"。孟珙的对手，从金朝变成蒙古，战争的中心仍多在襄阳。

京湖制置使史嵩之，命令孟珙屯驻襄阳，兼镇北军都统制，其后又驻守黄州、光州等地。端平二年（1235），蒙古军南侵，夺了不少地区粮饷马草，同年退兵。端平三年（1236），蒙古军再临，襄阳府、随州等地相继失守，孟珙奉命救援，与当年蔡州城下联蒙灭金的蒙军大将塔察儿在战场上兵刃相见。塔察儿不准备与孟珙多有纠缠，他另有打算，准备转攻江陵。

本来，江陵是长江中流的重镇，当襄阳因为李虎等人的内斗失守之后，京湖制置司便移治于此地。孟珙得到消息，立刻前往，双方交战后，连破蒙古军数十寨，又火攻对方战船战筏，蒙古军对气候不适应，决定撤退。

这时的南宋，一波还未平息，一波又来侵袭，内斗外斗都不在行，根据周密《齐东野语》记载，王旻与李虎不和，"克敌军"与"无敌军"更是水火难容。新仇旧恨加误会，竟然演变成内战，引发械斗，自己人打自己人，白白给了蒙古机会，襄阳就此失守。

不幸中的大幸之一，蒙古军当时虽得到了襄阳，却无法久留，也没有据守的打算。原因是他们擅长草原骑兵，冲锋陷阵式马战、骑兵战。蒙古军对多山多水、惟见长江天际流的南方战场，显然还没有适应。

不幸中的大幸之二，好在此时有孟珙。孟珙为李虎、王旻擦屁股，军队溃散，孟珙只能用优厚的条件，安抚招安，于是归降的人不断。日后收复襄阳，依旧持续建设防御。

孟珙的军务日渐加重，嘉熙元年（1237），为京西湖北安抚副使、江陵知府，又改任鄂州诸军都统制。同年又在汉阳跟黄州与蒙古打了几仗，蒙古军队依旧无功而返。隔年，嘉熙二年（1238），孟珙升任鄂州荆江府诸军都统制，又升枢密副都承旨、京西湖北路安抚制置副使，置司松滋县，兼任岳州知州，并且得到朝廷的命令，出兵收复了郢州荆门等地。嘉熙三年（1239），孟珙仍有战功，收复信阳、襄阳、樊城、夔州等地。

襄樊重地，再次重回南宋怀抱，一方面是蒙古久占不利，二方面也是孟珙的积极行动。孟珙并非只是屯田、练兵而已，他还上书给宋理宗，认为襄、蜀等地，连年战争，动荡不安，人民流离失所，士人也无处安身，导致蜀地士人多聚集在公安，而襄阳士人，也聚集在郑诸。孟珙建议在公安、南阳设立书院，保存学脉，推广文教，也让士人有地方受教育，培养读书种子，甚至还请皇上题写榜文，赐给书院。

嘉熙四年（1240），宋理宗把孟珙升为宁武军节度使，又改任四川宣抚使兼夔州知州，兼京湖安抚制置使。此时的孟珙，以襄阳为中心，已经全面负责长江中上游的防务了。淳祐元年（1241），孟珙再改任京湖安抚制置大使，兼夔州路制置大使，进封汉东郡开国公。三年之后，淳祐四年（1244），兼江陵知府，宋理宗又要他兴置屯田，整军备武，随时准备面对北方可能的威胁。淳祐六年（1246），蒙古河南行省范用吉（本名字术鲁久住）秘密传书，以所受文告为凭证，希望能投降南宋。孟珙觉得是个好机会，及时向宋理宗报告，可是宋理宗并未接受，反对招降。孟珙很是感叹，错失这次机会，下次再来，不知何时？觉得自己已经老了，之前多次申请退休，都没有被同意。又说三十年来，很希望能恢复中原，重聚人心。如今看来，年华可念，木叶纷纷，飞走的是理想，坚持的是志业，落下来，化作泥爪的，则是生命，如今却烟消云散，志不克伸矣！

没多久，孟珙病情转重，随即逝世。消息传到朝中，宋理宗非常惋惜，也感到震惊，特地停止朝政来追悼他。朝廷抚恤丧葬费银绢，各一千两匹，特赠孟珙为少师，三次赠官后为太师，又封为吉国公，谥号忠襄。《宋史》对孟珙的评价很高，称赞他与父亲孟宗政一样，忠君体国，尽心尽力，一路走来，初衷不忘，始终如昔。对于拜见他的士人、游客、老军官、退役兵卒等等，都是一视同仁，待以恩惠，不会大小眼、青白眼。

孟珙虽然赫赫有名，地位极高，却只设鼓旗仪仗，不会故意弄排场、重奢华、做场面。在将士面前，神色凛然，回到家后，焚香扫地，倚着几案，端坐安然，仿佛超脱世外。对于一般人看重的财富、地位、美女、饮食、豪车豪宅，孟珙也没有太强烈的欲望。特别是对《易经》颇为精通，曾把六十四卦，各系四句，称为《警心易赞》。此外，孟珙也通晓佛学，自号"无庵居士"。

讲完了孟宗政、孟珙父子一家，现在来说另个重要人物。李曾伯，字长孺，号可斋，原籍为北宋怀州覃怀县，南渡之后，客居嘉兴。

李曾伯是北宋末年宰相李邦彦的曾孙。李邦彦，原名李彦，字士美，怀州人，北宋末年宰相，《宋史》对李邦彦评价不高，认为汉、唐末世，朋党相为，小人在位，但还是有君子主持朝纲扶持迁延，维持正道。北宋则不是这样，北宋中晚期以后，几乎满朝都是贪生怕死的小人，荒唐办事，终于主辱国迁。蔡京以绍述为罗网，上箝下锢，心术奸巧。宋徽宗后来似有悔悟，改用郑居中、王黼、李邦彦等辈，主持朝政，褫京柄权。不过，那又怎样呢？以不肖易不肖，就像拔了野葛，换成乌喙嘴利，说得头头是道，其实大言不惭、胡言乱语之人，也难怪国势江河日下了。

李曾伯跟李邦彦大有不同，李曾伯是以恩荫入仕，因祖辈上有功，而给予下辈入学或任官的待遇，即是恩荫。李曾伯的官场经历，曾任两淮、荆襄（节制四川）、湖南、广西等地制置使。与本书最相关，也是当时最重要的战略要地，就是两淮以及荆襄二处，是南宋与北方蒙古交界，兵家必争。李曾伯在绍定三年（1230）时知襄阳县，后又任濠州通判、军器监主簿、鄂州通判兼沿江制，置副使司主管机宜文字，再转任度支郎官，授左司郎官。嘉熙三年（1239）转任江东转运判官、淮西总领兼督视行府参议官。嘉熙四年（1240）担任右司郎官、太府少卿、太府卿。淳祐二年（1242），转任淮东制置使兼淮西制置使、知扬州。因为地理位置太重要，所以宋理宗下诏，让他在军事战略上可以便宜行事。

李曾伯早年主要是任幕府或是机构内部，实际带兵治军，其实经验并不太多。宋理宗端平二年（1235）时，李曾伯为淮西安抚制置使尤焴其幕府下的参议官，奉命到寿春点兵监军。宋理宗端平三年（1236），蒙古军攻陷光州，隔年继续进军，兵分四路，直指淮西腹地，尤焴当然也有抵抗防御的行动，李曾伯身在其中，自然也有参与，领命抗敌。嘉熙四年（1240），蒙古军攻下寿春，寿春是淮西重要战略要地。昔日开禧二年（1206），金兵南下淮南，占领寿春等地；嘉定和议之后，以淮水为界，寿春归宋。如今蒙古得到寿春，南下进军也容易许多，日后蒙古军将领张柔，之所以可以轻易渡淮，进逼安丰军等地，都是因为南宋失去了寿春的缘故。

淳祐二年（1242），宋理宗任命李曾伯为淮东制置使兼淮西制置使、知扬州，又要他军事便宜行事，正是着眼于此。李曾伯身兼两淮制置使的任务，就是守护安丰军，收复寿春，将蒙古军驱逐淮河之外。李曾伯在奏疏中，认为当时状况重点有三：达天心、重地势、协人谋。请求边饷贵于广积，将才贵于素储，又奏请加强两淮水上战备。防备与进攻，常常是一体的，储备边饷，培养人才，加强战备，并非空口说白话，纸上谈兵。而是希望有具体经费、人力等支持。于是淳祐三年（1243），宋理宗就命淮东、淮西总所饷军券钱，并给芝楮四分。芝楮即是南宋发行的钞引，又名楮币。第一章我们曾提到过，因为物价上涨，通货膨胀，宋理宗的改革政策之一，就是挽救楮币，称为"称提楮币"，包括加强整顿楮币、加大回笼楮币的力度、少印新楮、回收旧楮、任用专人与机构处理楮币、允许臣民以楮币缴纳税等等。李曾伯得到这笔经费，专款专用，都用到将领士兵身上，改善待遇，施予恩惠。

李曾伯看得很清楚，两淮，淮东是扬州、楚州、海州、泰州、泗洲、滁州、真州、通州，淮西则是寿州、庐州、濠州、舒州、和州、蕲州、光州、无为军、六安军。两淮诸城，淮西以和州、蕲州为重，而和州为甚，淮东则以真州、泰州为重，而泰州为甚。此四处，兵祸连年，战争难止，可见其重要地位。所以修筑防御，加强城事，就成了李曾伯的要务。例如泰州新城，李曾伯动员一万五六千人，投入建造，不论是筑城、开沟，还是挖河、添土，都希望城坚墙固，有足够的防守战备能力。而泰州新城的修缮与规划，直到南宋灭亡，致使蒙古都拿不下泰州，可见李曾伯的大手笔与投注心力之深，因此才让城墙固若金汤，易守难攻。

宋理宗下诏给李曾伯，认为寿春是南北要冲、两淮门户也。寿春曾被蒙古占领，可是窝阔台死后，蒙古军并未好好经营寿春，只是作为基地驻扎，往往南下攻掠，打了一阵子后，唯利是图，剽杀抄掠以后，弃之而去。如今的寿春颇为残破，也没有在寿春有固定驻军班底，所以宋理宗给李曾伯的任务，就是重新占领寿春，重新经营，恢复生机。于是李曾伯命王安统筹，又派建康都统制、知安丰军王福、义士军游击都统制张仲宣等人，辅佐王安。另外，还有丰军通判张贵洪，以及权寿春通判、钤辖林子宓诸人，负责后勤资金粮运材料等等，耗时近一年，两万人，方堪完工。

这个任务，看似简单，并不容易。虽说寿春实际上等于空城，该如何经营，包括移民、修筑、开发、防守、规划、物资补充、人员规划等等。重建途中，更是得面临蒙古去又复来，打打停停，不断骚扰，压力颇大，所以修筑重建，历时也久。

果不其然，淳祐四年（1244）与五年（1245），蒙古派兵又分别南下，企图夺取寿春。南宋派出葛怀、赵文亮，以打游击的方式，在附近伺机突袭，后来也入城共守。宋理宗又派遣吕文德、刘雄飞救援，双方打了几个月，南宋状况稍好，蒙古才不得已退兵。

与泰州新城类似，寿春再度回到蒙古手下，也是南宋灭亡之后的事了，其间蒙古屡攻不下，南宋得以保存寿春，自然也得益于李曾伯的工作。

因为泰州、寿春的成功，招信军和泗州的守臣赵邦永以及鲍义，联名上奏，认为寿春为西淮门户，泗州为东淮衿喉，也应该注意防御工程。朝廷同意了这个看法，李曾伯也接到命令，动员一万多人，由赵邦永、鲍义负责主事，后勤监督的是盱眙军通判李节。不过，泗州城修筑，也非一帆风顺。因为工程浩大，遇到许多困难，鲍义和赵邦永组织能力不甚佳，所委托的相关人员，意见又多，各行其是，规模不同，广狭各异，几乎酿成斗争。老天不作美，天气也不甚好，年末大风雪来袭，影响进度甚多。更坏的消息是，蒙古军又来了，劫掠淮西，军抵泗州。上述原因，都导致工程时而停摆，时而复工。淳祐六年（1246）李曾伯被台谏举报批评，只能黯然离职，离开淮南。

淳祐九年（1249），李曾伯改知静江府、广西经略安抚使兼转运使。淳祐十年（1250）李曾伯为京湖安抚制置使知江陵府，兼湖广总领。朝廷下诏，减免襄阳新复之地税三年，进为龙图阁学士。也就是这年，淳祐十年（1250），李曾伯又担任另一个要地即荆襄的指挥官，就是京湖安抚制置使。

关于襄阳的状况，李曾伯亲自考察，发现城池颓旧、田地荒芜，一片战乱后亟须恢复的惨象。李曾伯认为修筑防御工事，恢复城墙，还有广招人民耕作田野，显然是当下最迫切的事情。

首先，修浚城池部分。李曾伯派出六百士兵，从江陵出发，数日后到达襄阳。南宋军先是占据襄阳、樊城二地，此时天时地利，因为汉水泛涨，北方不易南渡，我们却是方便运输。所以修浚襄阳城与樊城两个城池，不可再拖，要速办，要有效率。李曾伯仔细谋划计算：兵用多少，从何调来；粮之多少，从哪取得；器械操办，财政又该如何支付；相关负责人等，该找谁，谁又该负责什么。李曾伯显然已有定见，指挥若定，成竹在胸。

除此之外，修浚襄阳、樊城，以及拓辟田野、迁移人口等等，并非易事，也不是李曾伯独自规划空想即可，还要朝廷支持，地方官员也必须协调配合，不可以坏事，不可以"既不能令，又不受命"。李曾伯屡屡上书，通过各种关系传达，不断沟通。终于，淳祐十一年（1251），宋理宗同意李曾伯的看法，决定将襄阳、樊城两城池的修复纳入计划，提上日程，并给予支持。不过，多年的历练让李曾伯明白，光靠政府补助，远远不够，李曾伯也自己募款筹钱。满足一定金额与物资之后，他开始规划部队，分前后梯次进入襄阳，正式开启襄阳、樊城的重建计划。

李曾伯知人善任，以高达经理襄阳城壁，并总统诸项军马，晋德协助经理襄阳城壁，并专委防卫，王登通判襄阳府，并兼襄阳制置分司。经过数个月的努力，襄阳、樊城城墙修复，大致上有了坚固的防守基础。

城墙坚固，不代表万无一失。因为驻防长江，需要大量兵力，此时兵源显然不足。根据他的估算，在淳祐十一年（1251）左右，京湖全部兵力，不过近十万人。数量看似尚可，问题却在于荆襄鄂等地，疆域广阔，平原丘陵山头皆具，军队不但要驻扎，要防守，要训练，要屯垦，还要因应不同状况，随时支援移动。东至巴蜀，西至寿春等地，都在战线之内。更不必说从秭归到寿昌的，还有从公安到陕州，海岸线延绵冗长，都需要有探子或哨兵，蹲点蹲守。一些常驻、非常驻的部队，也是免不了的。至于襄阳、樊城内的部队，至少也要两三万人，对抗蒙古基本才算有把握。

事实上，李曾伯很精准地判定：取襄不难，要守淮可不容易。当年刘备知道曹操南下，刘琮投降，曾到襄阳城下，要求与刘琮相见，本有机会趁势夺下襄阳。得之可以，防守却难，正是因为这个道理。而要防守，又不只是襄阳城、樊城罢了，这个战略要地，不是点，更要注意的是线与面。所以要分兵多处，或守屯，或扎寨，或建营，都是希望能完整防卫。这是战略以及组织的眼光，不光是军队士气、武器精良、后勤补给的问题了，这些都很重要，但若不能认识到这层道理，士气再激昂，武器再锋利，都不一定有用。重点是，要妥善经营襄樊等地，置屯田，修渠堰，要用心规划，眼光精准才好。

正因如此，李曾伯仿用了自己昔日在寿春的建法，移驻市兵，并要求他们携家带口，附上眷属，建造军营官舍，给予田地。一方面安士兵之心，二方面充实人口。采取屯田，自己的粮食自己种，除了政府军需之外，屯田的产量，不无小补。李曾伯就认为，且筑且耕，是必然采取的方法，更是复元襄阳最好方略之一。他的做法是：由官府准备农具，并借给百姓耕牛与种子，还有相关物品，同时上书要求宋理宗同意免租三年。政府对于这些移居人口，勿苛取，勿私收，又要求农民有在农闲之事，整修军备，有军事作战的训练与能力。

关于物资、粮饷等等，不能只靠自己，还是要有朝廷的大力支持，李曾伯上书后得到宋理宗的许肯，分别给了缗钱百万，或是金会一十万、银二千两，等等。朝廷的支持让李曾伯的做法陆续可以付诸实践。

到了宝祐二年（1254）左右，迁移进襄阳的人口比几年前多了许多了，有六千多户。光是这样还不够，李曾伯还希望在襄阳重建期间，朝廷能由江淮调兵五千，进驻襄阳，既可增加兵力，对于襄阳的修复计划，也能添更多人手。当然，北方蒙古不会让李曾伯太称心如意，会不断骚扰，时打时撤，或佯装声势，或趁机进攻，或观察状况，不能真让李曾伯完成这些防御工事，否则只会大大增加盟军日后进攻的阻力。宝祐元年（1253），蒙军果然南下，过汉水，目标襄阳。南宋方面，因为李曾伯打下的基础，够深够稳，于是以高达率领三千兵，齐心协力，妥善规划作战方针，以少胜多，打败了三万蒙古兵，同时获得了不少辎重、粮草、马匹、武器等等。

　　蒙古军方针不变，并不是真的要夺城，还是游击骚扰为主。多次进攻襄阳，或略小败，或无功而返，直到解决自身内乱问题，还有加强水军实力之后，蒙古才有机会大举南下，到了咸淳九年（1273）襄阳城破，吕文焕投降，襄樊等地，不再为宋所有。

　　宝祐元年（1253），李曾伯授四川宣抚使。宝祐二年（1254），赐同进士出身，进资政殿学士、参知政事，又改任为湖南安抚大使、知潭州兼节制广南。到了开庆元年（1259），进观文殿学士，因为与贾似道相处不佳，两人互看不顺眼，《宋史》就说李曾伯初与贾似道，俱为统兵在外的知名阃帅，李曾伯对于边境之事，知无不言，因为有实绩，得人望，颇得宋理宗看重，因此引起贾似道的嫉妒，日后又被贾似道抓到把柄，于是革职。几年之后，景定五年（1264），才又知庆元府兼沿海制置使。

　　关于李曾伯在寿春、襄阳、樊城的修复，特别是对于城墙的重建，功劳极大。根据李乾朗《穿墙透壁：剖视中国经典古建筑》所说，两宋城墙的建筑法，颇有不同。相较之下，北宋重要城市的城墙，多是用城砖，至于完全包砌，其实不多见，而砖石，则多数时候是用到城门和拐角等转接衔环部位。南宋以后，便不是如此了，特别是两淮的城池，基本上已经多是砖包化。建材的改善，也加强了防御的能力。若是依据南宋吴自牧《梦粱录》记载，南宋首都临安的城墙，底部宽3丈，高3丈，城墙顶部则大概是宽1丈左右。而城墙的建筑方式，墙基中间，是用8米厚的夯土将其填实，两侧则是各有1米多厚的包砖。由此可见，砖包城墙的目的既有夯土填实，坚固耐用，又可以减弱天气如雨水雪带来的破坏，增强城墙抗损能力。对于敌方的火箭火炮等等，也有减缓冲击的作用。梁思成在《营造法式》注释中就说过这种建筑工法需要在城头开出几个排水孔，让雨水顺着墙面，直流下去。不过土墙需要砌出下水道，这种下水道，减弱雨水冲刷，避免土城因为长期雨水拍打侵蚀壁质。

我们若再根据沈康身在《秦九韶与土木建筑学》中认为，城墙的修筑，采用夯土作为核心主轴，除了防御之外，还是得从经济角度来考量。特别是到了南宋政府晚期，财政吃紧，各方面支出又消耗巨大。在城墙的建造方面，光是外层包砖，所耗费的砖块总量已经非常惊人，累积起来，钱财付出也极为可观，这对财政已经有问题的南宋来说，是沉重的大负担。沈康身根据用砖的尺寸来计算，如果说城身每长一丈，全用砖包的话，大概要用砖 7000 块。城长一丈的护险墙，大概是用砖 500 块，城长一丈女头鹊台，花费多些，用砖则是 999 块。总和相加，至少要用砖 8499 块。不只如此，我们还得再乘以城墙的总长，大概是 1510，所以用砖耗量是 7000+500+999，再乘以 1510，总共是 12833490 块。花费如此巨大，也难怪李曾伯对于寿春、襄阳、樊城的计划总是忧心忡忡，老觉得政府经费不够用，需要自己筹款。即便如此，仍是施工耗时费日。李曾伯也心知肚明，此事非常急迫，不能太拖延，以免蒙古趁虚而入，可见李曾伯工作压力之重。内忧外患，财政不到位，施工不得人，浑水摸鱼，偷工减料，阳奉阴违等等事情，确实也让他颇为焦虑。

当然，李曾伯的包砖法，并非用到全部城墙。受限于动员人力、施工时间、经费支持等等，李曾伯主要还是分区域，例如寿春新城，大概是东北、西北团楼，北城墙，以及数座砖石堡垒，使用包砖修砌。限于上述种种困难，许多防御设施，还是用木造，例如羊马城、烽台、串楼、楼堞等等，特别是楼堞，李曾伯还是遵从《通典》的做法，城门扇及楼堞，以泥涂厚，防备火攻。所以，砖包不能全用，木材也不好用太多，李曾伯两得其中，更是借助地形以及当地气候状况，规划修筑防御工事。或是利用河川，分支改道，来设计护城河与壕沟；又或是增加堡垒，分担城墙的消耗量等等。特别是他在两淮与襄樊期间，水利是优势，水道运输、截流堵口等等，都必须因时因地因势而变，配合主城墙，沟堑、旱壕沟、坑洼，交互安排，错落使用。郭黛姮《南宋建筑史》就指出，南宋中晚期以后，城池并非只是单纯的点而已，其防御修筑等等，也是因应为由点而线到面的区域。例如襄阳城、樊城之于长江中下游、泰州城之于扬州，不论是前哨、中转、后勤等等，都是由立体而多层次的角度来思考重建、修缮、加强城市建设的。

李曾伯曾经的上司尤焴，就在《可斋杂稿》的序言中说，李曾伯以功业自许。照理来说，人无完美，事无两全，功业、文章难两全，更是由来许久。李曾伯则不然，其心志欲兼之，情况也正是如此，当今边事孔棘，李曾伯才华横溢，精力过人，知兵事，有实绩，办事能力也强，横当荆蜀之要冲，屹然如长城万里。不只如此，他的诗文，操笔立就，精妙妥帖，更是超出时流，而所上奏章，大多也深明时势，究悉物情，多可以见诸施用。正因为李曾伯的杰出优秀，皇上宋理宗倚重李曾伯，犹如当年韩琦、范仲淹，并非文士书生空发议论、言过其实、纸上谈兵可比。

　　到了清代，纪昀等编著的《四库全书总目》，在说到《可斋杂稿》时，也称赞李曾伯以事功显扬于世，知兵事，所至皆有实绩，为南渡以后名臣，也有文名。相较于孟琪的身先士卒，战场上杀敌，取上将首级，并非李曾伯的强项。李曾伯的事迹，主要还是在战略谋划、组织管理等方面。李曾伯对自身的认知，颇为精确清晰，他说自己命将遣戍、劳还激犒，与凡畚锸刍荛、诸杂调度等等，则胜任愉快，得心应手。而识人任人，选用王安、王福、张仲宣等人，也颇得好评，可见李曾伯的自知之明。

　　就像尤焴说的，李曾伯不只是军功过人，还善诗文，颇有才气。李曾伯诗词常使用的意象很多。事实上，这也是中国博物学的一种。毕竟，拥有一颗敏感心灵的文人，或伤春悲秋，或哀时愤事，或欣喜于离章合句，或愉悦于技艺事类，感物体悟，物我之情生于笔端，是下笔如有神，停于停所当止，亦笔锋常带感情，生命实感，触处可见。只是，文人所感之物，又是什么？这得从中国传统博物之学说起，先秦博物传统已非常丰富，《诗经》多识鸟兽虫木之名、骚赋的体物浏亮，就连孔子说志于道，但也要游于艺，"艺"的本义是种植，本来就讲物的，也可称礼乐射御书数等六艺，君子之学的宏阔与丰富，由此可见，后来引申为技艺、艺术，更是一种博物之学。而樊迟请问孔子耕耘种菜，孔子说自己不如老农老圃，并非不看重这些事，因为他自己就是少也贱，多能鄙事的，只是总必须要志合于道，心怀天下才好，若是斤斤计较于此等事，不免流于孔子说的"小人"了。其他像是《吕氏春秋》十二纪、八览、六训，煌煌万语，备言天地万物。到了汉代以后，写美人、说仙境、述帝都、观气象、哀时命、讽时事，缘情感物，描绘对象已极广泛。六朝山水、宫体、农学、本草学、地理志，博物类著作诸如陆机《毛诗草木鸟兽虫鱼疏》、张华《博物志》、郭义恭《广志》、郭璞《尔雅注》等等，为数繁多，而这些观物、体物、感物之经验与资料，更是为文人学者增加无数养分，同时也折射出当时对世界的理解方式，所以郭璞强调《尔雅》的重要，正是以博物的层次来讲的，郭璞认为要通诂训之指归，叙述诗人之兴咏，辩同实而殊号者也，博物才可以不惑，并因此多识于鸟兽草木之名者，则《尔雅》医书不可不读。由此可见博物的传统，源远流长，班班可考。

到了北宋苏轼，论学述文，自是也在这个传统里。文与可画竹，首先在于格物，故所谓画竹，并非一节节地画、一叶叶地描，而是须有成竹在胸，先明所欲之景物，然后振笔直起，兔起鹘落，把握感物奇妙的灵光显现。文与可格物画竹，很容易让人想起后世王阳明观竹格物，前者格物有功，故能成画；后者却大病数天，却也因此渐渐走上自己的"哲学之道"，做法结果虽有不同，但同样就格物着手。而苏轼认为画竹如此，他事他物又何尝不是如此？重点是要有平日熟视的锻炼，了然于心，临事遇物之际，方能尽情挥洒，若过度自信，平日却操之未熟，则不免苟且丧心。就连自称六一居士的欧阳修，又号醉翁，集藏书、金石、琴、棋、酒于一身，他对这个传统便深有体会，著有《洛阳牡丹记》《集古录》等书，已可谓博雅。他也指出，光是博物还不够，更要进而体物感物才好，《秋声赋》："草木无情，有时飘零。人为动物，惟物之灵。百忧感其心，万事劳其形。有动于中，必摇其精。"物色之变，有动于中，心亦摇焉，已可谓尽格物之能事了。除欧阳修之外，范仲淹、丁谓、张咏、王禹偁、田锡、余靖、王周、徐昭度、王安石、周邦彦等诸多人皆有大量咏物的作品，所咏之物，莲、蝉、柳、珠、蝶、衣、蚊、齿、叶、茶、梨、虱、马、啄木鸟，或是野塘漫水，又或耕人扶耒，洋洋洒洒，皆可吟诵相感。

李曾伯在这样的氛围之中，深明博物之道，也使得他的诗词意象更为丰富。更重要的是，诗如其人，文也如其人，并非简单地说文等于人而已，从知人论世或是生命的感受来看，在诗文中，我们可以发现作者的特性：李曾伯懂得观物，自然也懂得观人观世观势，他的事功，对于诸多战略的判断，其实都来自于他的观察判断。他的观物，表现在文学上，也有着个人特色，不论是文学的才性，还是传统的涵养，又或是生平所见所闻、所思所想等等，尤焴说他"深明时势，究悉物情"，显然是识人之明，行家之论，一语中的。

大概来说，若根据梅雪吟《李曾伯词意象研究》的统计，李曾伯的词作中，涉及"博物"的对象，有水、山、月、雪、潮、酒、松、沙、竹、梅、书、剑、鸥鹭、节序、水鸟、边地……出现于李曾伯的游历、幕僚、仕宦等生平之中。因为地理气候、心理状况、当下遭遇、政治环境的变化，人生际遇，起起伏伏，高高低低，博物的感受，才有了不同的情感，不同的指涉层次。其中"江浮两山""怒涛翻雪""拍拍风舟""潮生潮落""鸥鹭眠沙，渔樵唱晚""渺沧波无极"等等，具有江湖意象。而在博物的各种词汇组合里，往往也代表特殊的心境以及寓意，例如"诗书剑"，可以说是前进的动力，"舟与酒"，是后退的港湾，"书剑陈列，鸥鹭同游"之类的词作，则是他心境沉潜的栖息空间。这种多元组合的博物之学，常常也可与他的生平经历互观。李曾伯曾作有《满江红·千古襄阳》："千古襄阳，天岂肯、付之荆棘。宸算定、图回三载，一新坚壁。狼吻不甘春哨鱼，马蹄又踏寒滩入。向下洲、一鼓扫群胡，三军力。连帅是，并州绩。宾佐有，雍丘逖。赖阴人成事，同心却敌。见说陈尸三十里，投鞍委甲如山积。待老臣、为作岘樊铭，劖诸石。"襄阳城，本来重要大城，如今却荒烟蔓草，付之荆棘。襄阳城多灾多难，军队马蹄踏过，又遭狼吻。我们花费多年，坚壁清野，修葺城墙。如今终于可以抵抗外侮，三军齐心协力，同心抗敌，取得战功。此事不能不记，所以老臣我李曾伯刻石铭碑，永载史册。

值得一提的，在《满江红·千古襄阳》里，李曾柏所说"待老臣、为作岘樊铭，劖诸石"又是指什么呢？最后，我们以一个历史文物作为本章结束。原来在今天襄阳岘山绿道旁边，竖有一个石刻遗迹，也是国家重点保护文物，就是所谓的《襄樊铭》，是李曾伯在宝祐二年（1254）镌刻，《襄樊铭》所记之事，是淳祐十一年（1251）收复襄阳、樊城的事情。

前七行为序言："大宋淳祐十一年四月二十有七日，京湖制置使李曾伯奉天子命，调都统高达、幕府王登提兵复襄樊两城。越三年，正月元日铭于岘，其铭曰"；后四行为正文："壮哉岘，脊南北；繄墉壑，几陵谷；乾能夬，剥斯复；千万年，屏吾国。"目前相关的研究，文中的意思，不论是翻译还是解释，似乎还没有太完整，让我们来试看看。用现代语文来讲，《襄樊铭》大概的意思就是：南宋淳祐十一年（1251）四月二十七日，京湖制置使李曾伯，奉皇帝诏命，与调都统高达以及幕府王登，共同出兵，收复襄阳、樊城两地。三年以后，南宋宝祐二年（1254）元月，在岘山处，刻石铭记。铭文是：岘山之雄壮，是南北相连的脊梁。而山势屏障，陵谷变迁，"乾能夬"，乾卦上九，变卦为阴爻，则成夬卦。乾卦上九爻辞为"亢龙有悔"，《象》曰："亢龙有悔，盈不可久也。"意思就是说，襄阳、樊城虽沦为敌手，却非王道所在，也没有百姓拥戴，终究不可持久。于是成夬卦《象》："夬，决也，刚决柔也。"夬就是要有魄力决心果断，表示刚决明确，不过夬卦，乾下兑上，水在天上，势必泽下，而雨水又有润物，所以夬卦的刚决，往往又是柔和润泽百姓而成。"乾能夬"的意思是说，蒙古虽占有襄阳、樊城，却是德不配位，亢龙有悔，不可能久持。所以南宋有决断，有决心，出师有名，也是为了照顾百姓，如此一来，恢复王业，大事自然可成。

"剥斯复"，"剥极而复"，剥卦是《易经》的第二十三卦，复卦则是第二十四卦，剥卦是一阳在上、五阴在下。剥是剥落之意，象征君子道消，小人道长，不利有攸往，也不利于发展。复卦刚好相反，五阴在下，一阳在上，就是重生、重新再来、一次比一次更进步的意思。"剥斯复"，自然就是说遭遇重挫之后，痛定思痛，重生再造，不管风雨有多大都能必须再出发。"剥斯复"，意思就是襄阳失而复得之后，我们不能再重蹈覆辙，一定加倍努力再努力。

我们可以说，蒙古得到襄阳、樊城，只是暂时的。因为正义、天理在南宋这边，天下公心、民心也在南宋这里，襄阳、樊城终究会回归南宋怀抱。其实，襄阳、樊城的重要性，不只是地理、军事、战略、经济而已，更是充满以人文为本的经验情怀。根据美国学者段义孚《经验透视中的空间和地方》的说法，他提出经验对于空间地理建构的重要因素，我们所谓的事情，往往是立基于经验，可是经验不是绝对客观的历程，更是由感受与思想合理化之后，所创造出的。所谓的经验与现实，往往是若即若离的关系，因为我们从经验理解现实，所以经验带给我们由肉身与移动所经历的空间，显现了我们对地理、环境的理解。由此而观，李曾伯对襄阳、樊城的认识，有了许多经验上的感受认知，他的文学作品，以及前面提到的《襄樊铭》，除了地理形势之外，其家国情怀、个人记忆、情感宣泄，都出自这层道理。

第三章

◎

风雨欲来，两国情势

一、蒙哥与钓鱼城

蒙古定宗三年，南宋淳祐八年（1248），蒙古国第三任大汗贵由在西征拔都途中，因病逝世。他的死去，引起了继承者的分裂，在汗位宝座的争夺之中，蒙哥脱颖而出。从贵由汗死去到蒙哥继位，耗时两三年，在此期间，蒙古召开了两次忽里勒台大会，又作"忽里台"。

什么是"忽里勒台大会"呢？所谓的"忽里勒台大会"，开会地点虽不一致，会议主要是由蒙古皇室、贵族以及部落首领共同集会。按照惯例，召开的目的，除了军事行动的规划或部署之外，还会或指定或分配部落领袖头衔等等，更要推举部落的可汗或其他地方长官。铁木真在蒙古太祖元年，南宋开禧二年（1206）被推为成吉思汗；窝阔台在蒙古太宗元年，南宋绍定二年（1229）被推为大汗；贵由在蒙古定宗元年，南宋淳祐六年（1246）为第三任大汗。本节的主角蒙哥，则是在蒙古宪宗元年，南宋淳祐十一年（1251），在王位的争夺上获胜，登基为蒙古大汗，史称元宪宗，是蒙古国第四任大汗。

上述人选的产生，都出自"忽里勒台大会"。

蒙哥即位的原因，主要是第二任大汗窝阔台一系，因为脱列哥那，也就是乃马真后掌权，排挤耶律楚材，赶走了宰相镇海，又企图毒死阔端，一时间人心惶惶，政治倾轧，风云四起。贵由汗继位，虽是窝阔台长子，仍是大力扫荡，可是贵由汗死后，妻子海迷失后又搞了几次政治斗争，终于导致家族衰落，势力不振。反之，拖雷一系则是渐渐崛起，拉帮成派，四处结盟，积聚政治力量，后发先至。托雷是元太祖成吉思汗的嫡幼子，也是蒙哥的父亲。另外，除了家族势力强盛之外，第三任贵由汗在位不过两三年便去世，时间过短，壮志难酬，也给了蒙哥上位的好机会。

蒙哥，元宪宗，或称为蒙哥汗，是大蒙古国的第四任大汗。一般认为，他也是大蒙古国分裂之前，能够直接管控全部蒙古帝国的大汗。在此之后，蒙古国土日增，横跨欧亚，体制渐转，也无此种现实境遇了。蒙哥是拖雷的长子，拖雷又是成吉思汗的嫡幼子。蒙哥同时也是窝阔台的养子，窝阔台则是成吉思汗的第三个儿子，也是蒙古帝国第二位大汗。窝阔台与拖雷，虽是兄弟，两人对于汗位问题也曾有矛盾。

窝阔台在位期间，施政颇多，最有名的是蒙古太宗九年（1237），窝阔台接受中书令耶律楚材的建议，开科取士，隔年实行，史称"戊戌选试"。虽然与所谓的科举考试仍有不同，不过基本上还是属于文治之功，值得一提。自此之后，真正地下诏恢复科举，一直要到元仁宗皇庆二年（1313），以朱熹《四书章句集注》为科举考试的指定课本用书，已经是八十多年后的事情了。

从蒙哥汗即位，到钓鱼台身死，主政期间大概八年。他主要的心力多放在对南宋以及大理的战争，可惜出师未捷身先死，未成之志，留待忽必烈完成。

蒙哥的功绩实务，颇为丰硕，历史对他的评价，也是赞誉较多。大致上来说，根据《元史》记载，蒙哥即位之后，立刻把自己人安排上岗，妥善规划，盘根错节，先巩固自己的实力，特别严防前任大汗的女色问题，注意妇人干政。蒙哥命令皇弟忽必烈领治蒙古、汉地民户，又遣塔儿、斡鲁不、察乞剌、赛典赤、赵璧等人到燕京，安抚军民。此外，他还以忙哥撒儿为断事官，字鲁合掌宣发号令、朝觐贡献及内外闻奏诸事，晃兀儿留守和林宫阙、帑藏，副手则是阿蓝答儿。

此外，还指派了牙剌瓦赤、不只儿、斡鲁不、睹答儿等人，担任燕京等处行尚书省事，安排赛典赤、匿咎马丁为副手；讷怀、塔剌海、麻速忽充别失八里等人，担任行尚书省事，副手则是暗都剌兀尊、阿合马、也的沙；阿儿浑充阿母河等人，则是行尚书省事，副手是法合鲁丁、匿只马丁；茶寒、叶了干负责统理两淮蒙古军、汉军等事宜，带答儿则是统理四川等地的蒙古军、汉军，和里鹏负责吐蕃等地的蒙古军、汉军，随时备战；关于蒙古宗教事务，则是以僧海云掌释教事，道士李真常执掌道教事。

而蒙哥自己，不论是内政还是军事外交，处理国政，"自谓遵祖宗之法"，集中权力，巩固地位，铲除政敌，攘外必先安内。当内部事务搞定之后，就开始开拓疆域，《元史》说他刚明雄毅，沉断而寡言，不乐燕饮，不好侈靡，有鉴于窝阔台与贵由的祸起萧墙，他特别要求后妃等待遇不可以超过规定。殷鉴不远，在夏后之世，历史教训，前人故事，近在眼前，历历在目，不可不慎。

基本上，蒙哥汗统治下的蒙古国，经济文化得到了广泛而快速的发展。特别是外交方面，蒙哥即位之后，扩建了哈拉和林，又称为哈刺和林，"Qara-qorum"，突厥语，意为黑色的圆石，是蒙古帝国的首都，直至忽必烈时代才迁都到大都。

特别要注意的是，元太祖成吉思汗，统一蒙古高原之后，在1206年建立大蒙古国。初始，首都在斡难河上游的曲调阿兰，不过没有城市，仍是属于游牧民族的营地性质。到了蒙古太祖十五年，南宋嘉定十三年（1220），才定都哈拉和林，并开始建设。

在首都哈拉和林，蒙哥汗接见各国来使，送往迎来，接见或晋见，热闹非凡。各处商旅也纷纷抵达交易，摩肩接踵，人潮不断。根据萨仁毕力格《蒙古帝国首都哈剌和林》的研究，哈拉和林同时具有畜牧业、农业、商业、手工业、制陶瓷业等等，经济兴盛。首都内的宗教、教育、科技、天文学等方面，也达到很高的程度，为蒙古帝国政治、经济、文化中心。随着蒙古帝国对欧亚大陆地区的持续征服，版图扩大，普天之下，莫非王土，首都哈拉和林更是成为当时世界上的权力中心。

如前所言，安内是为了攘外，又或是两者无分先后，一体两面，可同时进行。事实上，蒙哥即位以后，就命令忽必烈出军南下，自己更是领兵亲征南宋。蒙古与南宋之间的军事行动，从第二任大汗窝阔台末年以来，蒙古军在边境的小骚扰就从未停止，不过大多浅尝辄止，没有太大的突破。当然，以忽必烈的政治军事眼光，他知道与其直接与南宋硬碰硬，不如退而求其次，先从大理下手，所以他建议蒙哥先取大理。他的考量点，主要在于大理的地理位置。大理与南宋外交关系，虽不密切，但就军事来看，却可以说是南宋的西南屏障。因为大理还没有归于蒙古，有了大理在南方挡着，南宋才能没有后顾之忧，把防务专注于北方。就蒙古的战略思考来看，若能先取大理，从后侧包抄，唇亡齿寒，牵一发动全身，南宋防守阵点势必要扩大，届时蒙古不论是从两淮、四川，或是云南等地，多方面进攻，效率更高，胜算也更大。

蒙哥接受了忽必烈的建议。蒙古宪宗二年，南宋淳祐十二年（1252），忽必烈率领大军，以大将兀良合台为总督军事，渡黄河，浩浩荡荡，杀向大理。在大军之中，也有忠于蒙古的汉人军民，而且为数还不少。就像元朝灭亡之后，依然有许多汉人遗民怀念元朝一样，所以"华夏之辨""非我族类"的定义与标准，并不是铁板一块，永远不能变的。很多时候，只是如美国学者本尼迪克特·安德森（Benedict Richard O'Gorman Anderson）在《想象的共同体：民族主义的起源与散布》所说，是"想象的政治共同体——并且，它是被想象为本质上有限的，同时也享有主权的共同体"。借用他的观点，我们也可以说，"华夏之辨""非我族类"等等，其实在人类深层的心理意识与世界观是息息相关的，华夷等概念，不再只是意识形态或政治运动，更是复杂深刻的文化现象。

隔年，蒙古宪宗三年，南宋宝祐元年（1253），兵分三路，经宁夏，出萧关，横渡洮河，越吐蕃，过大渡河。其间征战不多，地方城池多是直接投降，反抗较少。年底，中路军队先行来到，临近大理国城都。蒙古军驻扎地西枕苍山，东临洱海。此时的大理国王为段兴智，也是最后一任皇帝，命令迎战，结果大败而回。蒙古军派使臣，前往招降，共派出三次，都被拒绝。敬酒不吃吃罚酒，既然如此，蒙古军决定继续攻击，其他两路军队也陆续抵达，大理国情势更是不乐观，岌岌可危。

忽必烈亲自出马，登山指挥，居高临下，蒙古军势如破竹，大理国城被攻溃，段兴智趁夜出走，逃奔都阐。至此，蒙古军所到之处，大理国几乎望风归降，不作抵抗。蒙古宪宗四年，南宋宝祐二年（1254），都阐也被兀良合台攻下，段兴智被俘虏，随军被送回首都。段兴智，在金庸小说《射雕英雄传》《神雕侠侣》中也有登场，就是鼎鼎大名的五绝之一、擅长一阳指的一灯大师。

蒙古军的脚步并没有停下来，根据《世祖平云南碑》，以及姚燧《光禄大夫平章政事商议陕西等处行中书省事赠恭勤竭力功臣仪同三司太保封雍国公谥忠贞贺公神道碑》的说法，兀良合台继续进军滇东，平定乌蛮，取交趾，金齿、白、彝、罗鬼等诸族也相继归附，蒙古军得到了整个云南。将云南纳入版图后，列为郡县，共有三十七个总府，八个三府，六十个州，五十个县，甸部寨六十一个，人口户数是一百二十八万七千七百五十三户。蒙古国也在中庆，也就是今天的昆明，建立行中书省。

处理完大理，接下来的事情，就是南宋了。

南宋宝祐五年，蒙古宪宗七年（1257），蒙哥大汗决定南下，率领忽必烈、兀良合台等人，以三路方式进军南宋。蒙古的做法是：忽必烈率军进攻鄂州；塔察儿与李璮则是兵抵两淮；而兀良合台则是从云南出兵，再经由广西；而蒙哥自己便是力攻四川，然后诸军互通声气。最后在南宋首都临安会师，一举灭宋。

蒙哥所以选择四川为主要战场，其实是想避开水战，毕竟北方以骑兵为主的部队，与南方水军相比，自然是以己之短攻彼之长。由于从北方南下川蜀，事实上也是要经过崇山峻岭，并不轻松，只是相比于水战，在蒙哥的评估中，仍是比较有效率、划算的。

蒙哥进攻的路线，也就是蒙古的"斡腹之谋"军事计划。关于"斡腹之谋"，石坚军《蒙古与大理关系新探——以"斡腹之谋"为视角》就认为，斡腹之谋的出现，早在蒙古军尚未灭金，宋蒙也未开战的成吉思汗时期。该计划的主要观点是设想有朝一日，南下攻宋，因为蒙古军队不擅水战，以及对地理形势不熟悉，所以要避开南宋坚固的长江防线，借道大理，迂回包抄南宋薄弱的后方，忽必烈建议蒙哥先取大理，也是因为这个缘故。石坚军认为，"自蒙古高原不远万里，史无前例地穿越难以通行的青藏高原、云贵高原去长途奔袭南宋后方"，借用邓小南的书名——"斡腹之谋"的计划，是蒙哥汗遵从的"祖宗之法"，也是蒙古前四汗都通用的战略，所以蒙哥才命兀良合台从大理经过广西，北上攻宋。

蒙哥死后，忽必烈即位，随即放弃了前四汗时期自大理、安南迂回攻宋的"斡腹之谋"，并采用刘整的建议，从荆襄正面进攻。

“斡腹之谋”失败的原因，是蒙哥时期安南始终未配合出兵，依违于蒙古、南宋之间，两面骑墙，刻意逢迎，不得罪于哪方。退而求其次，蒙古只好以特磨道、自杞、罗殿，来代替安南，成为蒙古军迂回侵宋的地方。不过，南宋早就发觉安南两面讨好的政策，其实对己无益，南宋也难以从安南上得到正确的情报，于是出兵讨伐安南，但因蒙古军进攻广西，南宋军才终止了进攻安南的计划。隔年，南宋宝祐六年，蒙古宪宗八年（1258），蒙古进驻夏六盘山，蒙哥主攻四川。进军初始还算顺利，遇到的阻碍并不大，也不多。蒙哥率领四万大军，兵分三路，再加上陆续从其他地方调来的援军，总数远超四万。

同一时间，忽必烈率领蒙古东路军进攻鄂州，开始了鄂州之战。

蒙古军一路所向披靡，士气高昂，攻克了四川北部的大部分地区。南宋开庆元年，蒙古宪宗九年（1259），蒙古大军抵达合州，就是今日重庆合川，在合州的东部，有座伫立在嘉陵江、渠江、涪江交汇的半岛——钓鱼城。

关于钓鱼城的前世今生，早在南宋端平二年（1235），蒙古军南侵，夺了不少地区粮饷马草，同年退兵。在长江下游地区，如第二章所言，李曾伯为淮西安抚制置使，尤焴任其幕府下的参议官，奉命到寿春点兵监军。宋理宗端平三年（1236），蒙古军攻陷光州，隔年继续进军，兵分四路，直指淮西腹地，尤焴当然也有抵抗防御的行动，李曾伯身在其中，也有份参与，领命抗敌。在此数年，川陕、荆襄、江淮等地区，都是主要战场。除此之外，在地平线的另一端，四川部分，巴蜀天府之国，从成都到重庆，东扼夔门天险，顺长江而下，则是至吴楚之地。战略之重要性，自然不在话下。所以为了巩固门户，南宋淳祐二年（1242），在西方，宋理宗任命李曾伯为淮东制置使兼淮西制置使、知扬州，又要他军事便宜行事；在东方，则是把原淮东制置副使余玠，升为兵部侍郎、四川安抚制置使，由他来负责四川防务，对抗蒙古。因为成都失陷，余玠退而求其次，把重心放到重庆，阻止蒙古军得寸进尺，步步逼近，便是余玠的重要任务。他在勘察地形地貌之后，隔年，就在嘉陵江、渠江、涪江的三江交汇点，海拔大概为391米左右的半岛上（也就是钓鱼山）筑城隘，驻重兵，防蒙古，并将州治移置于钓鱼城。

若是依刘熠恒《蒙哥攻宋时期钓鱼城的景观考古分析》所说，这个半岛，东西长 2040 米，南北宽 946 米，占地 2.5 平方公里。环岛水岸线长度大概是 20 千米，沿江地带则有一些地势平坦、土壤肥沃的台地，以及多年风化所形成的冲沟。根据文献与考古的资料，钓鱼城共分为内城与外城，外城建筑在悬崖峭壁，城墙系条石垒成。大致上来说，钓鱼城有地理的优势——依恃天险、易守难攻的特点。南宋宝祐二年（1254），王坚更进一步，完善钓鱼城，使其更为牢固坚守，易守难攻。不论是余玠或是王坚，都是积极联络各地，调动军队，布置路线，屯兵积粮，都是希望能作为坚固的四川门户，牢不可动为南宋守住防线。

这就是历史上所谓的钓鱼城之战的场域，在南宋的规划中，一系列的防御工事，环环相扣，首尾相及，不是敷衍了事，随便应付的。包括川东各山隘所建的山城，并且以钓鱼城为中心，形成以嘉陵江、渠江、涪江为通衢，将长江作为依托，靠山面海，从点连到线，从城到江，形成全套规格的防守要地，也是全面保护重庆的军事防御战略。

　　现有的研究，张立志与戴彦两位学者在他们合作的《基于景观视觉评价的钓鱼城防御设施布局合理性探析》一文中，曾从GIS角度，对钓鱼城遗址做了景观考古。他们以地理的数据，DEM作为基础，又借助ArcGIS软件，比对史料，互相参照结合，认为钓鱼城的建筑设计，城内地势东北和西南方向为高，西北和东南方向则是比较低。整个半岛上，多是山丘与台地。从空中鸟瞰，半岛的东北部、西北部、西南部及中部，小山丘隆起。山头之间，是低地与台地，低地往往形成水池，如西面有大天池，而台地多为耕种之地。在城内建筑的视觉景观部分，从视觉景观来看各防御工事的配置，思考钓鱼城之所以成为蒙哥侵宋的阻碍，两位作者认为，钓鱼城内的军事建筑，以及设施资源等等，始关门、护国门、将军府在江面上的视野最好，有利于发觉敌情。始护国门和始关门，更是全城命门，瞭望效果非常好。将军府作为帅府，则是有地理之便，当有紧急事情发生时，可以迅速因应，消息传达也更有效率。而小东门、薄刀岭、校场瞭望塔、新东门、镇西门、古军营、水洞门、出奇门、奇胜门、蒙哥台、青华门等处的瞭望设施，全面景观不足，主要是针对某个特定方向的观察，所以更需要彼此联系，呼应讯息。东城墙码头和南水军码头，瞭望作用不明显，主要的功能是在阻止江面敌人、阻隔对方登陆方面的作用。

　　此外，还有一字城墙，又叫横城墙。什么是一字城墙呢？原来钓鱼城的一字城墙，又分南北，为北一字城与南一字城，共有四道城墙，总长数百米。伫立在嘉陵江上，成为共同防线。一字城墙，加上前面所说的瞭望设备，使得钓鱼城有了纵深的观察视野以及预判的能力。而南北的一字城墙，除了有嘉陵江为依靠，旁边又是悬崖，逼得不擅水攻的蒙古军只能弃水登陆。毕竟，蒙古军队如果要攻城，还是只能从东西两门进攻，也让南宋的防御工事与军力配置得以聚焦而不必分散。

那么，为何蒙哥非进攻钓鱼城不可呢？那是因为如果绕过钓鱼城，对于孤军深入的蒙古军来说颇为危险。若是绕过钓鱼城直攻重庆，则很有可能会被包围。届时南宋军由钓鱼城出兵，重庆也派出部队，切断蒙古补给线，把蒙古军围堵在重庆西北方狭长的河谷之中，便会使其进退不得，受到前后夹击。届时蒙古军即便有把握能抵抗包围，也随时会面临断粮、物资不足的危险。况且，重庆西南方的长江通道，当时运输交通并不通畅，有多处山城，仍是南宋所有。所以西南侧长江的水道，对于蒙古军来说，效益不足，也欠缺较为正确清楚的敌情资讯。左思右想之下，也是对自己的军力有信心，蒙哥还是决定先从钓鱼城入手，先取钓鱼城，再南下进攻重庆。

这种军事计划，合情合理。换作他人，恐怕也难有其他更好的选择。可是天有不测风云，战场人事更是诡谲难料，蒙哥怎么也想不到，钓鱼城成了他最后的人生落幕地。

根据姚从吾《元宪宗蒙哥汗的大举征蜀与他在合州钓鱼城的战死》《宋蒙钓鱼城战役中熊耳夫人家世及王立与合州获得保全考》的研究，蒙哥在进攻钓鱼城之前，就曾派投降蒙古的宋人晋国宝，先行前往招安，当时南宋守将为王坚，副将张珏。张珏十八岁时就从军，初出茅庐，就在钓鱼山，后来守卫合州，官至都统制。他们果断拒绝，誓死不降，更是事后派人把回程的晋国宝杀了泄愤，以儆效尤，立场态度非常明显。

就蒙哥看来，给脸不要脸，分明是自取灭亡了。南宋开庆元年，蒙古宪宗九年（1259），蒙古军渡过江滩，在附近扎营休息做饭，短暂休息，准备要大杀一场了。隔日，大军进逼钓鱼城，蒙哥亲自督战，进攻钓鱼城的一字城墙。因为钓鱼城先天得地利，加上后天修筑的防御工事，资源充足，防守严密，让蒙古军的进攻倍感吃力。从正面要打破一字城墙，几乎不可能，从东西方进攻，往往又掉进对方的陷阱与预判。打了半个月，迟迟没有进展，蒙军又进攻东新门、奇胜门及镇西门的小堡垒，也没有成功。此后大雨不断，风雷交加，不利军事行动，两军休息了十多天，雨过天晴，蒙古军重攻护国门，又花了几天，才终于登上外城，激战多时，短暂的胜利，还是被南宋军击退。

蒙哥虽见战况不佳，想我英明一世，能征惯战，当年多凶多狠的自己人、敌人、外族人都不怕了，什么大风大浪没见过？蒙哥的自信，是因为有实力的；毕竟我军装备精良，士气高昂，人数、军械、物资都超过对方，手起刀落，怎么会有打不下的道理？区区一个钓鱼城，手起刀落，岂能难倒我？日暮西山的南宋政府、汉人军队，手起刀落，还能有啥能耐？

于是蒙哥命令董文蔚等人，要他所统率的邓州兵出击，解决钓鱼台的敌人。董文蔚为汉人，董俊次子，其手下军兵也都是汉人。董文蔚接到命令，率军前往，攀城墙，登云梯，交战期间，飞石不断从头顶、身边飞啸而过。双方箭矢如雨，身旁同伴或中箭倒地，或退或伤，打了半天，董文蔚还是占不到任何便宜，反而伤亡惨重。董文蔚不行，不济事，蒙哥又要他的侄子董士元接着再上，董士元也很争气，代叔父董文蔚继续攻城，可是怎么打、怎么攻、怎么努力，想尽办法，就是攻不进去，就是赢不了，就是打不过。耗了许久，精疲力尽，董士元终究还是撤退了。

也因为战局不利，久攻不下。蒙哥要求开会，按照目前情况，大家集思广益讨论讨论，到底是打，还是不打？是再攻，还是考虑其他方案？诸将都认为应该再攻城，继续打！打到他们怕了为止。我蒙古大军，兵强马壮，凶猛剽悍，天下无敌，天时人和都有，对方所凭仗的，区区地利，何惧之有？

倒是术速忽里提出不同意见，他的看法是，与其把大量时间虚耗在此，不如转换思维，敌方既然坚守，跟我们硬扛到底，我们不如乘着势头，姑且表面上跟着他们闹，虚与委蛇，留下部分兵力，当作欺敌。另把主力调转，沿长江而下，堂堂溪水出前村，与其他部队会合，接着因时应变，或回攻，或佯退，或直抵南宋，灵活性更大，不必拘泥于非打下钓鱼城不可。

术速忽里的意见，看起来是比较弹性的，但前面已经提过，当初南宋选址在钓鱼城，其天险，其地理位置，其战略要地，余玠、王坚显然都是做过评估的。所以蒙古在进攻上，要绕过钓鱼城不是不行，奇攻，也可能有大收获。可是要付出代价不明，资讯不完整，这是一种冒险，与其负担成本不明、战果难料的战争，还不如打下钓鱼城，一了百了，蒙哥之所以坚持续战，原因也在于此。

　　除了军事战争的策略之外，蒙古人当时几乎所向披靡，然而却在钓鱼城上，迟迟没有结果，对于一向瞧不起柔弱宋人的蒙古男儿来说，也是一种自尊与面子的伤害。所以，结果当然是大家的主张为先，多数人对于术速忽里的意见未必接受。蒙哥决定继续攻城，小小钓鱼城，他就不信打不下来。可是这一趟，蒙古军注定吃鳖，南宋就是死守，蒙古就是攻不下城。

　　蒙古决定再打，蒙哥命令原为金朝大将的汪德臣主动进攻。汪德臣本打算乘着夜晚光线不明，对方可能戒备较弱的时刻，夜袭攻城。不过南宋军在钓鱼城的攻防中，也守出心得，守出自信来了，也不是软柿子。汪德臣拼命攻，王坚也是拼了命地守。汪德臣部队用云梯，对方就用火箭、撞车回击；汪德臣部队登墙，对方就用飞钩、叉竿阻挡。打了一个晚上，还是失败告终。汪德臣不气馁，你来我往，僵持不下，又打了几个月，汪德臣身死军中，壮志未酬。蒙哥损失一员大将，扼腕心痛，感到可惜与遗憾，蒙哥愈打愈气，也愈打愈固执。

　　另一方面，钓鱼城的死守，当然惊动了南宋朝廷，也派出军队增援。如前所言，蒙古军攻宋，并非蒙哥一军而已，另有忽必烈等人，南宋分身不暇，兵力有限，即便派出部队急赴，也都被劫阻，到达不了钓鱼城战场。庆幸的地方，余玠、王坚等人，经营四川多年，颇为得法得体，守城南宋军民，物资粮食等还算充足，足以再抵抗多时，再跟对方耗，大把优势在手。

　　战争仍在继续，南宋军愈守愈有心得，蒙古军愈打愈没有信心。此时天气已是酷暑，闷热难耐，蒙古军陆续出现湿疹、中暑、霍乱、感冒、食物中毒等问题，传染颇为严重。蒙哥似乎也感染了，身体状况不是太好。风行草偃，反之亦然，主将负伤或患病，影响军情士气极重，更何况还是大汗？左思右想，蒙古军决定退兵，号令全部队从钓鱼城撤退，班师回朝。就在回程途中，蒙哥逝世。

关于蒙哥的死因，目前还未有定论，金庸小说《神雕侠侣》描写蒙哥死于襄阳城，还是被神雕侠杨过使用内力，运劲飞石打死。当然是小说家言，终究不是史实。

蒙哥一死，忽必烈急忙撤军。蒙哥的死，对蒙古来说，当然是不幸。世事总是如此，有人失意，就有人得意，有人垂头丧气，往往就是有人扬眉吐气。本来，南宋方面，蒙古蒙哥派兵南下，从四川、京湖、广西等地发动攻击。在鄂州之战中，贾似道从汉阳进入城中，对抗蒙古军，他的对手就是忽必烈。蒙古久攻不下，想要挖地洞攻入，却被识破；想要攀墙进攻，也遭到南宋军队誓死对抗。南宋军虽有胜利，终究寡不敌众，后力不继，贾似道屡屡想向蒙哥求和，都被拒绝。

如今蒙古大汗身亡，或病死，或战死，到底是因伤而死，还是得了痢疫疟疾，众说纷纭。不管怎么说，倒是都决定了一个人的命运：贾似道因祸得福。蒙古撤退，贾似道回朝，宋理宗到郊外夹道相迎，众人喝彩不止。贾似道也顺理成章地排挤了左丞相吴潜。贾似道只手遮天的时代正式来临。距离南宋灭亡，大概还有二十年。

二、忽必烈登场

蒙哥死后，蒙古贵族部落，势力山头，蠢蠢欲动，逐鹿中原，人人有机会，个个没把握。"黄金家族"内部，随即发生了汗位的争夺之战。所谓的黄金家族，如果就狭义来说，是指成吉思汗及其直系后裔，后来又专指拖雷乃至忽必烈一系的后裔。忽必烈的兄弟阿里不哥，对于汗位同样有实力、有野心，同样是拖雷之子。蒙哥是长子，忽必烈是第四子，阿里不哥则是第七子。在权力面前，正如晋初傅玄《历九秋篇董逃行》所说"骨肉至亲更疏"，兄弟俩各不相让，打了好几年，忽必烈数次北上，就是为了对付漠北的阿里不哥。

《元史》也说，即便是忽必烈即位之后，不满他的人依旧还有许多。搞分裂、谋叛变、密造反者，所在多有，姚枢就指出当时情势，"外侮内叛继继不绝"。例如李璮的反叛，李璮是金末山东军阀李全之子，蒙古中统三年（1262）公开宣战，根据姚枢的判断，他认为李璮的战略大概有三种：乘着北方未定，忽必烈铲平内乱政敌之际，濒海捣燕，闭关居庸，这是上策；与宋连和，负固持久，骚扰我国边境，使我们疲于奔救，是为中策；如果出兵济南，待山东诸侯应援，是下策，白忙一场而已。忽必烈问姚枢，李璮会采何计？姚枢笃定地回答："以李璮的智商与眼光，必定是下策。"

为了巩固地位，也为了蒙古的长治久安，更是为了打败南宋，忽必烈即位之后，做了许多改变，包括军事战备上的改良，这也牵涉到之后要讲到的重头戏——襄阳樊城之战。

　　在说这个之前，我们先讲一讲中国传统史观的秩序与文明问题。

　　所谓的传统史观，例如班固在《汉书》的《匈奴传》所言，颇为典型。他认为夷狄等外族，身处边疆边寒之地，黄沙滚滚，山谷接连，逐水草随畜，射猎为生。又在制度之外，饮食不同，言语不通，很少接受中国文明的洗礼，没有仁爱忠孝，缺少诚信礼制，所以贪而好利，被发左衽。住得不好，吃得也差，没有文明，野蛮而顽固，所以最好的方式是不把他们当成自己人，用种种利益方式，或是讲讲仁义道理，笼络控制，自己不要插手太多，名义上归属于我们，实际上让他们自生自灭，才是圣王控制蛮夷的常道，不要妄想全用武力征服，纳为领地，毕竟要管理他们，才是真正麻烦的事情。

　　所谓外夷蛮族，也就是处于边疆度区，不同于汉族的异族意象，关于这种认知的建构，在史书、笔记、小说、野史中，不断充斥相关的叙述。例如他们不同于中原的穿着打扮、用语遣词、生活方式、器物用具、生态经济等等，此类作为"他者"的观看，便成了一种"异族意象"。当然这种意象，往往是与"自我""我们"互相比较，所塑造出来的族群关系与性质。于是，诸如"奇风异俗""珍怪土产""披发纹身""无父无母""逐水草而居"等，或虚或实，或真或假，或夸大或贬抑，逐渐建构了当时人对外族的理解认知与历史记忆。当然，这些不只是"判定他者"，更重要的还要"认识自己"。

　　从春秋时代开始，到秦汉面对匈奴、晋朝五族内迁南朝面对北朝，到唐宋时期与四夷外族的关系等等，也不断凝聚自我，产生认同，"华夏”“中原”“正统”等等的名词，也不断重复铸造、推陈出新。

其实，会如此说，是因为从上面类似的角度看忽必烈、元朝。又或者是说，以此来说中国历史上的北方游牧民族，也往往证明了一个道理：传统的史观，多是从华夏蛮夷之分，又或是以“文明”，及所谓的礼仪之道、汉族秩序来分判。在此我们要抛去成见，做出思维与认知上的转换，不要总是以为游牧民族落后，文明不足，茹毛饮血，不知礼义。上述的评价，很多都是汉人史观作祟。试想，光是游牧，一大群一大群、一批又一批的动物，如何管理、如何组织、如何经营、如何繁殖、如何安排，就需要复杂的数字运算与方法技巧。例如蒙古裔文化人类学家杨海英（汉名）教授，蒙古名字为“俄尼斯·朝格图”（蒙译日文名“大野旭”），在他的《文明的游牧史观：一部逆转的大中国史》一书第六章“女真人建立的金王朝与后金国”的第一节，就以“重视礼节的游牧民族”为题，大发议论。所以，游牧民族，或许真是非我族类，其心必异，但未必就是低等愚昧、混乱没有秩序。“重视礼节的游牧民族”，人家也有自己的生活，自己的文明，自己的秩序，自己“文明的游牧史观”。

所谓“文明的游牧史观”，是相对于中原正统的说法，也可以说是一种草原史观。不只是中国有这个问题，例如从二世纪到八世纪左右，欧洲常处于战争与混乱之中，个中原因，除了波斯实力强大之外，还有当时欧洲人所谓“蛮族”。关于蛮族的问题，英国史学家爱德华·吉朋（Edward Gibbon）《罗马帝国衰亡史》，讨论罗马帝国的衰弱，除了皇帝的失政失德，还有军队势力的嚣张、贵族权利的问题、公民精神沦丧，以及社会风气的奢靡。其中最重要的，还有基督教的传布，以及蛮族的入侵。其实，所谓的蛮族云云，也就是草原民族的迁移，横跨欧陆，从张家口到黑海里海草原地带的游牧部落，形成世界史发展的动力之一。在世界历史上的标志性意义，从中国秦汉，到了帖木儿帝国，所谓突厥化的蒙古人，又或者是土耳其帝国、印度莫卧儿帝国等等，都可以说是草原民族在世界上扮演的重要角色时期。

因此，欧亚大陆历史的重心，恐怕不全是汉族、以农业畜牧为主的民族，而是这些草原民族。过去把他们贬为蛮族、外族、异族，总是说他们没有文化，只会战争与掠夺，真正的事实却是，他们常常也是欧亚间的流通者与传播者，像是物资、财货、技术、制度、金融、体系、观念、宗教、文字、语言、书籍、婚姻、知识、物种、病菌等等。

日本学者杉山正明在《游牧民族的世界史》中，就从这个角度，分析忽必烈的重要性。他认为在欧亚大陆大交易圈中，大概可以以 1260 年为分界，1260 年，是南宋景定元年，宋理宗在位；蒙古中统元年，也是忽必烈即位的第一年。

1260 年前期是以蒙古高原为政治基地，帝国疆域大概东从日本沿海，西抵多瑙河口、安那托利亚、东地中海沿岸。在此之后，忽必烈攘外必先安内，先解决内部的政治问题，而在西北部北边的术赤汗国，南方的旭烈兀汗国，以及中亚的察合台汗国，渐渐强大，于是蒙古帝国就变成了以忽必烈家族为中心的"大元汗国"，包括上述三大汗国在内的"世界联邦"。在联邦之内，多语言，多族群，多人种，多文字，成为帝国的特殊新形态。

这个联邦帝国，在欧亚大陆上，以经济物流金融贸易的多种工商行为，企图把各地区从点串连到线与面。忽必烈终究南下攻宋，除了政治军事观念上的各种理由，经济贸易显然也是主因之一。杉山正明就认为，在忽必烈的想法之中，就是想将蒙古传统的草原军事力量，与当时欧亚世界最大的中华经济力量融为一体，成为多层次、立体的大帝国。忽必烈还要更进一步与穆斯林的商业力量结合，达到经济统合的新时代。此处说的穆斯林，专指伊朗系的穆斯林，也就是说波斯语的人。当然，在以他们为领导的国际商业贸易体系中，回鹘也包括在内。

忽必烈继位之后，对于中国北方的治理，学者研究甚多。大概来讲，采行"汉法"，吸引中原汉族人才，让北方的汉人产生认同感与信任感。《元史》就记载，姚枢说自中统至今五六年间，虽然国内外局势仍不安定，叛乱内斗不时出现，可是总归说来，国内政治仍让人满意，民安赋役，府库粗实，仓廪粗实，钞法施行，国用或足，官吏迁转，政事更新。不过数年，略有成就，都可以说是忽必烈的过人之处。其施政原则也反映到人口的繁衍滋长。《新元史》就说中统元年（1260），户籍数有到 1418499 户，到了至元七年（1270），光是原金朝境内的人口，相较于蒙哥二年（1252），增加了三十万左右。事实上这个数字与实际仍有差距，因为驱口、匠户、流民等等，都没有纳入计算之中。

此外，不论是财政政策的调整，建立新的税收制度，还是官僚体制的改变，汉人任官的数量大幅提高。又或是颁定律法，出现第一部全国性的法律典籍《至元新格》等等，均可见到忽必烈既能马上得天下，也能马下治天下。

为了南宋问题，忽必烈还特地投入经费与心力，训练整顿水军。蒙古至元四年（1267），忽必烈以张禧为水军总管；蒙古至元五年（1268），又建造舰船等数百艘，交给刘整训练。刘整也是元朝蒙古终能统一、击溃南宋的主因。此外，忽必烈也增加了水军的人数，军备武器也不断升级。

南下攻宋，一直是忽必烈非常挂心、在乎的问题。过去的经验，让他刻意加强北方军队的弱点，本身的长处，更要保持优势。

万事俱备，只欠东风了。

如今，东风来了。

不过，就忽必烈来说，东风是自己飘来，送上门的，是天上掉下来的礼物；对于"东风"来说，却是被逼走的，是不得不来的。

虽然"东风"不完全是无辜的，只是人身处在政治倾轧的斗争旋涡之中，适者生存，输赢的选择与下场。

不管如何，东风还是来了。

他是刘整。

三、刘整的谋划

我们先大概介绍一下此人。刘整，字武仲，祖籍为京兆樊川，后来迁徙到邓州穰城。金朝末年，蒙古与南宋联军，企图消灭金朝，刘整恰逢其时，投奔南宋，编制隶属于荆湖制置使孟珙麾下。

《元史》说他骁勇善战，勇猛异常。某次作战中，孟珙北上，进攻金朝的信阳，他命刘整为前锋。结果刘整趁着夜色茫茫，星夜无光，带了十几个猛将，渡堑登城，夜袭敌军，直取对方守将，生擒了回来。孟珙听到消息，先是大惊，继而大喜，他认为唐代李存孝（粟特族出身，被河东节度使李克用收为养子）的战绩之一，是曾率十八骑拔洛阳，如今刘整以更少的人数兵力，直取信阳。孟珙极为满意，大加称赞，书其旗，上面题着："赛存孝"。

南宋宝祐二年（1254），"赛存孝"刘整随李曾伯入蜀，表现突出，屡建战功。因为有勇有谋，积累声望，后来成为常驻南宋西区边防四川的大将，为潼川十五军州安抚使，知泸州军州事。

刘整有个性，有实力，也难免自以为是。毕竟当时内忧外患，战争频仍，需要军事人才。刘整确实有功劳，表现也好，特别是他以北方人的身份捍卫国土。相较之下，南宋许多将领都比不上他，因为能力杰出，成果也好，刘整也有点飘，扬扬得意。当然就后世人来看，飘得有道理，有能力，不过就局中人看来，既不能令，又不受命，可就未必愿意理解、接纳、忍受了。

其中最明显的，就是下一章的主角吕文德。关于吕文德的生平遭遇，堪称传奇，我们下一章再谈。先说他与刘整的关系。刘整军功显赫，有勇有谋，吕文德不喜欢刘整，颇为忌惮。吕文德的人脉网络，与权力中心的关系，远胜刘整。也因为吕文德处处防备刘整，生怕给他一个机会，跃向龙门，或跃在渊，爬到自己头上，那还得了？这是吕文德不愿意见到，更不能容忍的，更何况刘整位置不低，也确实有实力，可不是咸鱼，所以千万不能让他真正立了大功。"见龙在田，利见大人"，金鳞岂是池中物，一遇风云便化龙，不可以给他这种可能。

吕文德的做法，针对性很强。凡是刘整的建议，辄不采纳，或是多方为难，觉得事情不单纯；或是认为计划有问题，能挑毛病就挑毛病，不用留情；刘整如果立下军功，能不上报就不上报，能拖则拖；分配战绩时，往往也偏袒其他人，对于刘整的真正付出，视而不见。例如周密《癸辛杂志》就说：刘整骁勇，远近驰名，任蜀期间，功绩居多。吕文德为策应大使，南宋宝祐五年，蒙古宪宗七年（1257），宪宗蒙哥率领蒙古大军进攻四川，刘整在卫城泸州坚守，战功虽不突出，也没有太大失误。只是蒙古军队撤退后，朝廷计算功劳，刘整评为下等功。刘整得知消息，破口大骂，极为愤怒。

吕文德知道俞兴与刘整有嫌隙，两人看对方都不顺眼，互相瞧不起。为了牵制刘整，吕文德故意让俞兴制置四川，用意就是希望搞搞刘整，刘整被整，人如其名，吕文德等着看好戏。俞兴到任以后，以军事名义召集刘整，要他过来商谈，刘整不去不理不甩，俞兴与吕文德把握机会，好好跟上头大讲特讲，加油添醋，诬构刘整。

周密《癸辛杂志》又继续讲，俞兴为蜀帅，朱禩孙为蜀帅，如果真要评定这些人保蜀之攻，总计起来，应该以刘整为第一。只是刘整恃才傲物，很多人都不喜欢他，有机会就想找麻烦，或是故意视而不见。刘整评为下等功，显然就是如此。刘整收到消息后，气愤不已，找上朱禩孙，要讨个说法，朱禩孙也是老江湖了，一推二拖三使绊，把责任说到俞兴身上，说自己亲眼见到刘整的功劳，怎敢去争？不过这些都是俞兴评定的，他说了，由不得自己，不信？你（刘整）去问问。刘整知道俞兴是故意针对他，意颇不平，大出怨詈之语。

刘整不服气，也想举报这些人，派出使者，前往南宋首都临安，却又被为难，想解释的信件与信息无法上达天听。更重要的是，吕文德是贾似道的亲信，刘整得罪了吕文德，此情此景，套句周星驰电影的话；"裁判、球证、旁证都是我的人，你怎么跟我斗？"是啊，刘整要怎么跟他们斗？又怎么可能斗得赢呢？

雪上加霜的事情，是向士璧与曹世雄获罪而死。向士璧，字君玉，常州人。合州告急时，当时的制置使马光祖命向士璧前往，多立奇功。连宋理宗都很欣赏他。进秘阁修撰、枢密副都承旨，又曾救援涪州，当时北兵夹江为营，长数十里，阻挡南宋舟师，不能前进。贾似道以枢密使宣抚六路，进驻峡州，要求向士璧听从吕文德指挥，向士璧不愿意，反而上陈计策，以计断桥，具言方略。谋略是好的，人际的处理显然是失误了。没多久，吕文德军队打了几场胜仗，倒是贾似道对向士璧印象已经不太好。向士璧还峡州，又为宣抚司参议官，迁湖南安抚副使兼知潭州，兼京西、湖南北路宣抚司参议官，加右文殿修撰，寻授权兵部侍郎、湖南安抚使兼知潭州，之后又升湖南制置副使。

蒙古大将兀良合台，从交趾北还，前锋至城下，围攻甚急，向士璧极力守御，后来与援军里应外合，连番大战，获胜有功，潭州围城遂解。消息上达之后，皇帝颇为满意，赐封金带，令服系，进兵部侍郎兼转运使。

不过，宋理宗满意，贾似道可不乐意，贾似道入相之后，看向士璧很不爽，许多战绩考核，非但不加赏，还暗示监察御史陈寅、侍御史孙附凤，多次弹劾，结果向士璧被送漳州，责令居住。

什么是责令居住呢？根据《宋会要辑稿》所示，在宋代相关黜降法等条文与案例中，被黜者，往往有编管、安置、责令居住、除名、勒停、冲替、差替、放罢等等。"安置"是比较好听的称呼，其实就是流放、贬谪，苏轼就有《到常州谢表二首》，就说"先蒙恩授汝州团练副使本州岛安置，巡上表乞于常州居住"，意味着被贬到常州，苏轼希望就固定下来，舟车劳顿，路途遥远，人困马疲，身心倦怠，希望不要再移动了，上书请求居住，所以又有《乞常州居住表》一文。

"责令居住"，基本上以内地州军为主，宋代统县政区则是有"府，州，军，监"四种。许多的"责令居住"，还可以自己找地方住，官府不会刻意派人押送，当然你还是被管制监控的，如前述提过的苏轼。

除了向士璧，还有曹世雄与高达。《宋史》说高达看不起贾似道，觉得此人不过书生，靠着裙带关系爬上来，怎么能指挥兵事？跟贾似道同军抗敌时，每见其督战，都故意让贾似道难堪，吕文德帮贾似道说话，仗义执言，还大声呵斥那些阳奉阴违的将领，却效果不彰。曹世雄、向士璧这时都在阵中，与高达一鼻孔出气，许多事情战况，都不禀告贾似道，故意跳过他，没把他放在眼里，如视无物，两方人马大搞内斗，瞧不顺眼，都看不起对方，也都觉得对方没啥本事，内斗内行，玩得不亦乐乎。

贾似道看得很清楚，知道谁是自己人，谁是对手，谁是不存善意的人。

他早就想找机会搞定他们。贾似道用了些借口，大概也有些真凭实据，不是完全捏造、捕风捉影，只是小题大做，故意夸大，屡次刻意针对找麻烦。贾似道以核诸兵费的理由，认定曹世雄、向士璧等人，贪污骗钱，申报不实，曹世雄、向士璧都被惩处，侵盗官钱，被贬官，责令居住。贾似道本来也想一并铲除高达，不过宋理宗还是想留住高达，硬保了下来。只是他心中最偏爱的，明显还是贾似道，所以多次论战功，往往以吕文德为第一，吕文德可是贾似道的人，人尽皆知，高达反而居其次。

虞云国在《细说宋朝》中，就说贾似道妒忌贤能，把政治上敌对的敌人或是武将，如赵葵、高达、李曾伯、杜庶、向士璧、曹世雄，还有史岩之等等，找些鸡毛蒜皮的小事，鸡蛋里挑骨头，小事放大，牵涉连坐，抹黑弹劾，斗倒斗臭，就算一时间弄不掉，也把对方搞得一身腥，难以全身而退。赵葵、高达被宋理宗保住了，其他人可能就没这样幸运了。李曾伯、杜庶、向士璧、曹世雄、史岩之，被贬被流放，被限制居住。向士璧、曹世雄甚至还因此受罪而死。

不过，天道好还，说到这里，总是还有些可供安慰的信息。《宋史》说向士璧的幕属方元善，为了迎合贾似道的查账，故意举报长官。向士璧死后，方元善还配合贾似道骚扰向士璧的家人，要他妻子继续还钱，夫债妻偿，就是要讨回呆账。方元善改任吉水县知县，回朝后，不知为何，竟然发了疯病，精神出了问题，整天鬼吼鬼叫，常常喊着向士璧的名字，哭天撕地，也算是恶有恶报了。

刘整跟高达关系也不好，看到这些人的下场，特别是向士璧、曹世雄被整死，兔死狐悲。他知道，再这样下去，可能下一个就换成自己了。如上所言，四川制置使俞兴及荆湖策应大使吕文德，要求刘整急赴制置司，刘整深知，去是不可能去的，去了他们大概会想办法加害自己，或夺兵权，或玩法条，或多刁难，必定不还；要继续待下去，斗也是斗不过，绝对会输。弄是弄不赢了，既然如此，别无选择，人总要为自己着想，良禽择木而栖，只好投降蒙古。

《元史》说，刘整在中统二年（1261）夏天，带枪投诚，带着泸州十五郡、户三十万，奔向蒙古的怀抱。忽必烈听到消息时，又惊又喜，查核其实后，对于他的投降大力赏赐，多加称赞，以效来者。忽必烈授刘整为夔府行省，兼安抚使，赐金虎符，仍赐金银符以给其将校之有功者。南宋方面，俞兴听到消息，又急又怒，整备军马，攻向泸州，刘整也不示弱，要好好替自己出口气，分发财宝器资给士卒，激励士气，要他们好好作战，赢了之后，更有奖赏。双方兵马大战数十回合，刘整大胜。

忽必烈愈发欣赏，要刘整多屯兵、厚储积，将来南下攻宋，还要借助其才，必有大用。

蒙古中统三年（1262），刘整入朝，忽必烈授予行中书省于成都、潼川两路，赐银万两。刘整也很大方，要得战功，先得军心。他将赏赐分给军士，点拨兵马，派遣将领，兼都元帅，立寨诸山，以对抗南宋。不过个性还是没变，刘整依然得罪人，同事有人对他很是不满，想弄倒他，刘整听到消息，一朝被蛇咬，十年怕井绳，倒是有些怕了，上书请分帅潼川，以避此祸。忽必烈同意了，改授刘整为潼川都元帅，宣课茶盐以慰劳军队。

蒙古中统四年（1263），南宋大将高达、温和率领部队逼近成都，想要夺回这个地方。刘整奉命救援，刘整"赛存孝"大名，早就声名远播，南宋军队听说此人来了，打是不想打了，没多久，就选择撤退。从另个路线进军，决定改为进攻潼川，偏偏行军路线被敌方掌握，在锦江遇上刘整，不得不打，不打还好，打了更惨，南宋被刘整军击溃，大败而还，损失辎重车马不少。

蒙古至元三年（1266），忽必烈又任刘整为昭武大将军、南京路宣抚使。隔年，至元四年（1267），忽必烈召刘整入朝，谈南宋事。刘整直言，如今南宋偏安，经过北方多年连番的打击，内忧外患，早就积弱不振，如今正是我们进攻的好时间。当然，南下进攻，是必然的事，如今虽正逢其时，路线却须慎选，臣愿效犬马之劳，率军攻宋。第一目标，就是襄阳之地，能得襄阳，南宋将失去重要屏障前线，灭亡之时，指日可待。

或许是忽必烈还在考虑，毕竟，"斡腹之谋"是一直以来执行的战略，又或者是不喜欢刘整的人太多了。刘整建议一出，有的对人不对事，有的对事不对人，反对批评者甚多。刘整希望忽必烈考虑清楚，不要管这些是是非非，他说：自古帝王，往往能南北一统。真正的帝王，四海一家，才是正统。如今我朝，天下已经占有十之七八，只剩下区区南宋，偏安一隅，又怎么放弃？就算不放弃，也不能拖延太久，百足之虫，死而不僵，不要让他们有逆转再起的可能。当断不断，反受其乱，我们就该把握机会，虽有智慧，不如乘势；虽有镃基，不如待时。"镃基"，就是锄头，有了锄头，时机天候不对，仍旧无法收成，如今全有了，就该乘势，不该白白浪费，耽搁光阴，自弃正统！

忽必烈听了，沉默一会儿之后，对于刘整的壮言豪语，已是下定决心："我意决矣！"

忽必烈说到做到，隔年，至元五年（1268），迁刘整为镇国上将军、都元帅。这个任命，显然已经是进攻的信号了。果不其然，该年九月，刘整就偕同都元帅阿术督诸军，进围襄阳，又率兵五万，袭击沿江诸郡，俘获宋民八万。至元六年（1269），刘整就抓到了南宋都统唐永坚。

《新元史》记载刘整对阿术说：我们蒙古精兵突骑，所向披靡，所当者破，只是水战不如南宋。我们现在要做的事情，夺彼所长，造战舰，习水军，大事必可成。至元七年（1270），为了更进一步取得襄樊之地，刘整更是得到忽必烈的同意与支持，筑实心台于汉水中流，上置弩炮，下为石囤，以控制南宋战船舟舰出入河道。还打造精良船舰、训练水师，造船五十艘，日练水军，就算下雨不能操练，也在室内进行模拟演练。最后得战士七万，更与蒙军征南大元帅伯颜围攻荆湖军事重镇——襄阳与樊城。

关于襄阳与樊城战役的经过，这是下一章的主题，我们暂且不表。此处再谈谈刘整。因为刘整训练水军有素，本身就精于此道，自己又骁勇善战，有武有谋，对南宋边防地区颇为熟悉。南宋的兵力结构与配置，掌握到位。所以忽必烈得到刘整，等于是得到一位可靠的向导，虽然刘整的人际关系很有问题，但利多于弊，就南下攻宋来说，刘整是忽必烈一统中国的战略中最重要的棋子之一。

不过，建造水军，本来就是忽必烈注意到的问题。南北地形的差异、军队结构的不同，忽必烈早就了然于心，不必刘整再说。忽必烈最需要的，是建造水军舰队的人才，以及训练水军的大将，刘整显然符合这个需求。

只是，我们还是要问，刘整为何坚持选择襄阳呢？显然的，从刘整对忽必烈的建议得到许多反对来看，当时不满刘整这个人的果然不少。不过，也的确有人对先取襄樊之地不甚赞同。至于襄阳身为战略要地，其重要性，本书在《楔子》也多有解释。当然，重要的不会只有襄樊，元宋南北相争，除了四川巴蜀以及寿春等地之外，还有在两淮、襄汉的战线，我们在前面也曾提过，因为淮东多水域，多湖泊，蒙古虽精于骑兵，一日千里，机动性强，水战却非其所长，这不只是乘船打仗的问题，还有适应水况、建造战舰、指挥船队作战、水军部属，甚至后勤在水运上的补给等等，牵连甚广，水军作战的诸多问题，得到更好的安排与处理，也是刘整给予蒙古军队的贡献之一。

不过，就实际状况来说，要蒙古部队全部水战，毕竟是有些勉强。

在南宋布防方面，据淮水，屯重兵，与淮东地区互相呼应。川蜀的山脉丘陵、加上水利，确实也让蒙古军吃了许多苦头，当年蒙哥屡攻不下，也是前车之鉴。从东或西，南下进攻都有风险，都有潜在的隐患。相较于东西二线，襄阳、樊城地区，虽然也有山，也有水，但还有平原，不论是扎营、运输、布阵、地势等等，显然都还不是无法克服，有了襄阳、樊城，则长江中流的南宋重镇鄂州也就唾手可得。如果南宋连鄂州都守不住，中间被切断，首尾不能相顾，失去联系，门户洞开，南宋部队难以自救，更不好增援，对蒙古来说，是绝对的利多。

如前面讲到的，要地不是只有襄阳一个。从东或西进攻，要获胜，也不是完全不可能。当年蒙哥亲自进攻四川钓鱼城，显然也是这类的思维。那么，为何刘整还坚持选择襄樊呢？

很多时候，天险地胜、船坚炮利都有了，还是守不住，还是打不赢，就像王夫之在《宋论》所说，南宋的灭亡，襄樊之战是关键，却不是全部因素。毕竟，大厦将崩，由来已久，非一朝一夕，不是某个人某场战役，就决定了一切。物必自腐，而后虫生，从根烂起，就算地理之险、地形优势，又能如何？地理再险，终有被适应、突破的时候。环境的优势，始终还是会被克服的，又如何能保护国家政权长久？长江淮河天险，又如何能挡住政治败坏？

主要还是"人"的问题。

刘整为襄樊守将孟珙部下，又曾随李曾伯入蜀，深得李曾伯欣赏。孟珙、李曾伯对于襄樊的贡献，筑城墙，修军备，也是前一章的主题。所以襄樊防务，想来刘整也不会太陌生，刘整叛变之后，李曾伯认为此人为敌所用，实在是南宋大患。

李曾伯《可斋杂稿》就有《出师经理襄樊奏》，提到刘整投元之后，对忽必烈说吕文德这个人，无甚长才，可以利诱。于是遣使献玉带于吕文德，要求能在襄阳城外设置榷场。榷场，就是多方交易的互市市场，榷场内有官吏负责主持，而商人必须纳税、交牙钱，领得证明文件，例如关子、标子、关引等等之后，才能在榷场交易。当然，规定虽然如此，或严或松，实际实行情况，因时因地又有不同。不过，没想到吕文德竟然同意了。只是蒙古使者又说，南宋人常常缺乏诚信，说好的交易，有时缺乏凭证，有时缺乏安全性。例如安丰等处的榷场，每次交易日，总为群盗所掠，所以希望能筑些土墙，来保护货物。吕文德一开始不答应，可能是他的谈判手法，先拒绝，再要求更多让利。蒙古使者也不是省油的灯，听到吕文德说不行，就不谈了，不谈就拉倒，要求离开。走了一会儿，吕文德部下见对方真的不谈了，立马跑去建议吕文德，榷场如果真的成功，也是我国之利，搞不好可以因而通和，暂且休战，更是大功一件。吕文德竟然又同意了，于是再把使者请回，复申前议，吕文德为请于朝，朝中有大哥贾似道坐镇，各种疏通，当然也没问题。

于是，开榷场于樊城外，筑土墙于鹿门山外，通互市，内筑堡。吕文焕一看，对方这样做，虽然自己也不太确定，堂哥可能被骗了，吕文焕立马通知，不料亲吏陈文彬可能遭到收买，消息被遮盖，无法传达。蒙古见对方没有发现，又在白河口增筑第二堡，吕文焕见状，立马再通知，这次吕文德终于得到消息，探知查明之后，果然如堂弟所言，深感后悔，觉得自己对不起朝廷，太蠢了。《新元史》更说刘整筑垒置堡江心，起万人台，立撒星桥，以遏制南宋的各地援兵，有了占据点之后，刘整更是时不时出兵，骚扰游击襄阳、樊城。

上述故事发生的时间，《宋季三朝政要》认为是蒙古中统四年，南宋景定四年（1263），应该不正确。《元史》说忽必烈任命刘整为都元帅，以及阿术驻足在虎头山，提议筑鹿门、新城、白河等堡，是至元六年（1269）。《元史》的记载，吕文德知道鹿门、新城、白河之事，却是至元五年

（1268）。而刘整到襄阳，则是至元三年（1266 年）的事情，忽必烈任命刘整为南京路宣抚使。

至元四年（1267），刘整入朝，说襄阳事，忽必烈先疑而信，犹豫过后，方才下了决心，才有日后刘整贿赂吕文德，立榷场，修建鹿门山、白河口堡垒等事。

这个故事，重点不全在于时间点，或是到底被骗了多少，而是南宋朝廷，当然也知道襄樊的重要性。孟珙、李曾伯，费尽千辛万苦，修城墙，收旧部，拢人心，置部署，都是因为深知襄樊地位。可是李曾伯与贾似道有嫌隙，我们在上一章提过，《宋史》就说李曾伯初与贾似道，俱为统兵在外的知名阃帅，李曾伯对于边境之事，知无不言，因为有实绩，得人望，颇得宋理宗看重，引起贾似道的妒忌，日后又被贾似道抓到把柄，遭到革职。几年之后，景定五年（1264），才又知庆元府兼沿海制置使。

此时南宋方的防守大将，荆襄一带的主力，就是吕文德、吕文焕、吕文福、吕师夔、范文虎、程鹏飞、陈奕、黄石国英、管景模、陈岩、钱真孙、管如德等人。或是吕文德家族，或是吕文德旧部，而吕文德又是贾似道的亲信，彼此的人际关系网络，盘根错节，亲上加亲，利上加利，外人根本难动分毫。

刘整既然与吕文德等人有过不愉快，坚持进攻襄樊，当然也有报当年一箭之仇的想法。不过，刘整更是觉得自己看破了这些人，认为他们就是混吃等死，尸位素餐，空占职位，不尽职守，没啥才能，光靠人际关系爬到好位置的废物。刘整打从心底这样想，觉得以他的能力，给了他机会，把襄阳打下，绰绰有余。

更重要的，恐怕还是从吕文德这些人身上，刘整看到控制南宋朝廷的集团人马中，已经被权力腐化。内斗内行，从根烂起了。王夫之《宋论》说得好，首先，宋理宗的所作所为，贾似道的贪权好势，难道不正是主要原因？宋代亡国，宋理宗身为一国之主，是罪魁祸首；可谓"秉成者"，史嵩之巧言令色，是"继之者"，贾似道玩法弄权，自不必言，祸中之祸。由这些人主政，祸国殃民，通蒙古亦亡，拒蒙古亦亡，无往而不亡，有志之士，又该如何拯救国势颓唐？挽狂澜于既倒，扶大厦之将倾？更何况这些掌权者，以白为黑，指鹿为马，以贿赂望阃帅，以柔媚掌兵权，以伉直为仇雠，以爱憎为刑赏，所以才有后来的余玠之死、刘整之叛，才有襄阳迟迟等不到支持援兵。

南宋内部问题，正如清代赵翼在《陔余丛考》中提到宋元交涉，忽必烈本来没打算这么快就南下侵宋，因为忽必烈还未即位时，曾攻鄂州，贾似道求和，密遣宋京诣军，希望称臣纳币，割江南为界，岁奉银绢二十万匹两，谈判还未确定，蒙哥身死，忽必烈只好撤退。忽必烈当上皇帝后，内忧未平，希望先跟南宋修好，派遣郝经南下，再继续未谈妥的和议。不过贾似道今非昔比，不再需要这个和议了，甚至害怕泄露风声，把当时自己打算求和的秘密传出去，于是拘禁郝经，竟然达十六年之久。

郝经被软禁在真州期间，写了多篇书奏：《过总管回降与贾丞相书》《与贾丞相书》《再与宋国丞相书》《上宋主陈请归国万言书》等等，其中《上宋主陈请归国万言书》，更是煌煌万言，情理兼具，希望南宋能释放自己。

而李璮在济南，李璮为李全之子，降于蒙古，请发兵南讨，忽必烈因打算与南宋和谈，所以拒绝李璮的建议。

拖了数年，忽必烈见南宋迟迟未回复，也没派出使者，所以才有阿术南征襄樊。又过了六七年，樊城襄阳都为蒙古所有，忽必烈更是命伯颜大举南下。既克鄂州，引兵东下，于是陈奕以黄州降，吕师夔以江州降，范文虎以安庆降，蒙古兵入建康，势如破竹。即便如此，忽必烈还是网开一面，犹命缓师。伯颜收到命令，觉得要把握机会，于是暂时停兵建康，自己千里迢迢，亲自入朝，跟忽必烈力言可取之状。忽必烈答应，还是派遣廉希贤、严忠范先到南宋谈判，只是蒙古使者到了独松关，竟为守将张濡所杀，于是军事行动，乃不可解矣。赵翼感叹，如果当时忽必烈自鄂引还之后，南宋就与其通和，定约不渝，或许南宋国祚还可以延续，由此得见，贾似道误国之罪，可诛哉！

回到刘整，他的批评上限，有没有到宋理宗，还未可知。但他看到统治集团如贾似道等人的问题，反映到襄阳、樊城的防备问题与用人之上，恐怕也是他建议忽必烈主攻襄阳的重要原因之一。

不过，刘整的批评，或许还是有个人私怨的因素。吕文德等人到底有没有这么差？关于他们的才能与故事，就是下一章的主题了。

第四章

◎

主力进军，整装出发

一、战前准备与主帅阿术

我们在上一章说过，忽必烈接受了刘整的建议，把南下主力的征战区域放到襄樊上。至元五年（1268），命令刘整为镇国上将军、都元帅。该年九月，刘整就偕同都元帅阿术督诸军，进围襄阳。

宋末襄樊争夺，风云之战，正式开始。

关于主帅阿术，又译阿术，他是蒙古乌梁海人，是"四狗"之一的速不台之孙，也是兀良哈台的儿子。关于"四狗"，就是成吉思汗（铁木真）的四名大将，分别是速不台、者勒蔑、哲别、忽必来。

阿术的战绩杰出，在蒙古宪宗三年，南宋宝祐元年（1253），曾奉蒙哥汗之命，攀山越岭，攻灭大理。隔年，取贵州，后来又攻占四川西部，作为"斡腹之谋"实践施行的重要基地。

中统三年（1262），刘整入朝，为行中书省于成都、潼川两路，朝廷也授予阿朮征南都元帅，并在汴京整理军备。至元元年（1264），阿朮掠地庐江，入滁阳，又从安庆出发，经略两淮，攻取战获，军声大振。

如前面讲到的，至元四年（1267），忽必烈召刘整入朝，谈南宋事。刘整直言，如今南宋偏安，经过北方多年连番的打击，从里到外都不行，早就积弱不振，如今正是我们进攻的好时间。当然，南下进攻，是必然的事，如今虽正逢其时，路线却须慎选，臣愿效犬马之劳，率军攻宋。第一目标，就是襄阳之地，能得襄阳，南宋将失去重要屏障前线，灭亡之时，指日可待。

改从襄樊地区下手，虽然其他人颇有意见，不过刘整的深刻分析，有理有据，在情在理，最终忽必烈同意了刘整的看法。《元史》说忽必烈集中兵力，把重点放到襄阳，打算以两淮与四川作为"声东击中""声西击中"的策略，以东道兵围守襄阳，又命赛典赤、郑鼎提兵，水陆并进，前往嘉定；汪良臣、彭天祥出重庆，札剌不花出泸州，曲立吉思出汝州，作为牵制。让南宋军队，顾此失彼，无法兼守，东方西方，各有自己的麻烦，自顾不暇，不能救援襄樊。

除此之外，蒙古政府还设立了河南行省。不过看重河南，并非从忽必烈开始，而是自从蒙古消灭金朝之后，河南就是蒙古关注的重点。其实北方河南经过战争人祸、天灾疫情等问题，人口流失，耕地荒废，许多基础设施都失去作用。蒙古政府，颇有救济的一些措施，只是效果不佳，或毫无章法，或体系失灵，或人谋不臧，成绩有限。真正开始有计划地改变，还是蒙哥汗以后，他在河南置经略司，开展驻军、修筑等业务。

就地理上来看，因为河南直面襄樊地区，真要把重心放到进攻襄樊上，则河南地区就必须再加强力度，管理改善。早在蒙古宪宗三年，南宋宝祐元年（1253），蒙哥汗在位时，忽必烈就听从姚枢的建议，在汴梁设置河南道经略司，不过因当时朝廷主要遵从"斡腹之谋"，所以设司的目的，主要是为了提供军事方便与供给。蒙古朝廷以史天泽、杨惟中为经略使，要他们在唐、邓、申、裕、嵩、汝、蔡、息、亳、颍等州等地，驻军屯田，耕种农地。又在邓州设置"屯田万户府"，扩展延伸农业规模，希望补足军事的需求。

至元二年（1265），在位的已是忽必烈，他要求阿尤、阿剌罕等人带领军队士卒，在孟州以东，黄河以北，南至八柳树、枯河、徐州等地区，大多属于河南范围之地，驻扎部队，屯田耕种。至元五年（1268），又罢随路奥鲁官，下诏参政阿里金行省事，并在河南等路立省，在汴梁设立行中书省，以阿里任参知政事，姚枢任金行中书省事，阿里海牙同金省事。

忽必烈先前就设立行中书省，《新元史》就说，所谓的行中书省，就是直属元朝中央政府管辖的一级行政区，简称为"行省"。元朝又分为四级地方行政制，在政治中心的主要地区，是由中书省直接管辖，负责军备、财税、农业、漕运等军政业务。钱穆《中国历代政治得失》就认为，"行中书省"其实就是"派出的中书省"之意，就是元朝中央政府，在地方行政上设立的全权机关，主要负责军备事宜。这种机关与具有自治权力的地方政府，权力的法源与实践，并不相同。

忽必烈的用意非常明显，就是要为了用兵襄阳，作为提前准备。不论是行政体制上，还是军事武备上，都做好调整。元朝姚燧《牧庵集》，就说蒙古军队的布防与计划，戍兵积谷，与襄阳对抗，掎角之势，凡十五年，可见其长期规划，深谋远虑。

忽必烈，这是磨刀霍霍向襄樊了。

其实，早在前一年，至元四年（1267），阿术就担任蒙古军主帅，进攻南宋的襄阳城，并攻取了仙人、铁城等栅。元人苏天爵《元朝名臣事略》（原名《国朝名臣事略》），就说阿术深沉而有智谋，临阵对敌，又英毅果决，英气过人。早年跟从父都帅公征西南夷，率精兵为候骑，所向摧陷，没有人敢撄其锋。猛勇过人，平大理，收诸部，降交趾，践宋境，深得蒙哥的赞赏。蒙哥对人就说，阿术未有名位，可是挺身奉国，特别要赏赐他黄金三百两，以勉将来。

蒙古把重心放到襄樊之后，阿术又选了精兵骁悍者，骑兵五千、步兵万人。某次作战中，阿术对诸将说，江北必须要布阵，否则的话，落入南宋手上，于我军恐为不利。于是自安滩济江，独留精骑阵于牛心山下，设立虚寨，建置疑火。果不其然，南宋军队果然中计，半夜想偷袭阿术，可是被阿术预判到了，早有准备。南宋军一来，伏兵四起，阿术军斩首对方万余级，大获全胜。

阿术过襄阳，驻足在虎头山，对着汉东白河口，分析其地理环境。认为必须要筑垒，藉此断南宋饷道，敌方补给线失去一路，则襄阳可图。阿术立马上报，消息传到朝廷，忽必烈也同意阿术的判断，于是筑鹿门、新城、白河等堡垒。

关于白河、鹿门等地，修城筑堡的时间与经过，我们在第三章已有提过，不再赘述。《襄阳府志》就说，蒙古政府，刘整、阿朮等人，在牛首、安阳、古城、红岩、白河、沙河、鹿门、渔兰、新城、淳河以及滚河等地方分别修城，占据要地，等于扼住襄阳的咽喉。不论是补给、支援、突围、埋伏等等，都让襄樊守军，几乎寸步难行，许多行动与讯息，常被掌握。更不必说蒙古军队，在万山、新城还大量建筑一字城，类同当年钓鱼城的设施，针对襄阳，团团包围，要他们插翅也难飞。

至元六年（1269），阿朮率领军队，扫荡襄阳外围，俘虏南宋军民一万多人。几天后，又在蛮河，与南宋京湖策应司参谋呼延德、将领张喜作战，夺得金刚台寨等隘口。

另外，刘整也没有怠忽，持续攻击要地，他率领五万兵马，不停骚扰劫掠汉水沿岸的南宋州郡，俘获八万多人。

因为要地被控制，导致吕文焕非常被动，加上荆山以南，还有归州、峡州等地，不断被攻击。南宋军队，只能以点来防守，尽量把主力拉回城内，坚壁清野，杜门防守。吕文焕虽然总是想突破僵局，派出军队，奇袭围困在襄阳、樊城四周的蒙古兵寨，只是成效有限。

之后，湖北连日豪雨，溪水暴涨，南宋政府认为蒙古军不熟悉地理，加上天候状况，于是命令夏贵、范文虎等人，率兵援助襄阳，援军在两岸林谷之间，出入穿梭，希望造成疑兵惑敌之势。可是阿朮不吃这一套，没有上当，他看穿南宋军队的伎俩，认为不过虚张声势，不必当真，不必开战，只要整顿舟师，前往新堡即可。果不其然，阿朮又预判到了，南宋军的确在新堡集结部队，阿术早就准备多时，看到敌方，立马指挥作战，大破南宋军队，获战船百余艘。阿术趁势前往，分水军筑围城，用一字城，用阵地，用堡垒，不断进逼襄阳。眼看蒙古军队如入无人之境，范文虎只好率舟师，前往来救，来兴国同样也看到了襄阳危机，希望配合范文虎，以水军占据百文山。两人前后夹击阿术，还是失败，打不过阿术。

战争仍在继续。在樊城方面，至元九年（1272），阿术进攻樊城的外郭，一时间，还没办法完全打破樊城，于是命令军队运土添造，又增筑重围，围而缓攻，牢牢困死樊城守军。另一方面，南宋张贵，装顿军马，率领百船，从上流希望进入襄阳，传达讯息。阿术于是在中流截住张贵，张贵力战多场，筋疲力尽，仅得入城而已。张贵交代事情完毕，准备返回，打算夜晚乘船，顺流东走，刘整与阿术却早有安排，严阵以待，打算让张贵就算出得了城，也回不去。刘整与阿术在两岸燃烧木材，以作照明之用，夜晚星空，火光通明，如白日一样，张贵边战边走，阿术边战边追，最后在关口生擒张贵。张贵部队，也多战死。

终于，在至元九年（1272）年底到至元十年（1273）左右，樊城守不住了。没多久，襄阳防守大将吕文焕知道撑不住了，因为种种原因，出城投降，襄樊之战，正式结束。

《元朝名臣事略》说阿术常常料敌机先，又有决断，闻敌所在，忠勇奋发，一马当先，跃枪挺槊，陷阵深入。也因为身先士卒，上行下效，所以部下感服，争出死力。阿术南征北讨，四十年之间，大大小小的战役，大概有一百五十几场，未尝败绩，其追降生擒者，也常常宽宏大量，释而不问。当时人都说阿术智、信、仁、勇四者兼备，简直与孙子、吴起同等级次。

当然，这些发生在咸淳三、四年（1267、1268）到咸淳九年（1273）大概六七年间的战役，主角并不是只有阿术而已。更详细的战况，有待我们细细梳理。

下面，我们再来看看南宋方面的双主角。

二、吕文德与吕文焕

吕文德与吕文焕是堂兄弟，也是南宋末年的大将。金庸小说《射雕英雄传》和《神雕侠侣》把吕文德写得太差劲了。例如在《射雕英雄传》第四十回《华山论剑》中，说吕文德守襄阳，郭靖、黄蓉前往帮忙，吕文德以为蒙古军已退，认为郭靖实在厉害，欢天喜地地去拜访两人，邀请两人去衙中饮酒庆贺。可是，郭靖哪有饮酒作乐的心情？正事待办，国难当头，只想与吕文德商量守城之策。吕文德一听，原来蒙古大军明天还会再来，登时吓得身子酥了半边，半晌说不出话来，不断嚷嚷："备轿回府，备轿回府。"看来，吕文德是打定主意，连夜弃城南逃了。

类似的桥段，在《神雕侠侣》第三十九回《大战襄阳》中，又来了一次。故事说郭靖与吕文德、王坚商议军情，忽有小校相报，探得蒙古万人队正向北门而来。吕文德一听，吓得要死："怎……怎么刚刚去，又来了？这……可不成话啊！"

这些描写，颠顸无能，器小易盈，猥琐胆怯，感觉就是个白痴。

其实吕文德也没这样差。

《宋史》并没有为吕文德立传，以他在南宋末年的地位，实在不可思议。根据多方资料记载，我们知道吕文德是南宋安丰人。他的出身，平凡无奇，既不是将相之后，也没有太特殊的人脉背景。元代人郑元佑在《送吕惟清序》中说，将帅武忠（作者按：即是吕文德）兄弟，起田间，秉族钺，以功名显著于天下，而他们正是宋丞相吕文穆公（吕蒙正）后人。恐非如此，比对另外的史料，《宋季三朝政要》就说，吕文德不过就是以卖柴、打猎为生的平民罢了。

吕文德年轻时从军，受到赵葵赏识。而吕文德最初参加的战斗，就是"端平入洛"与"三京之役"，此后转战江淮、荆湖、四川等地，建立军功。王曾瑜在《宋朝军制初探》曾说，在宋代武将最高官位的职称是"宣抚使"，吕文德就当过四川宣抚使。宋朝立国数百年，包括南北宋，只有吕文德曾任此职。

此外，建节，就是获得"节度使"，即便只是虚衔，在宋代都可以说是武官的极致，也是武人仕途之中最重要的职级。本节主角吕文德，不仅建节而已，更为两镇节度使。南宋晚期，唯吕文德一人。

嘉熙元年（1237），史天泽率领蒙古军队，与友军口温不花联合，直逼安丰。南宋守将是杜杲，攻城战开打，蒙古大军围困安丰，切断补给线，希望能拖垮南宋守军。吕文德为池州都统制，他与余玠、赵东、夏皋等人，奉命前往安丰，分别进军，援救杜杲。其他路线的援军，纷纷受到阻击，被蒙古军的伏兵或截住情报，或遭埋伏突击，或受敌所惑，疑兵四起。只有吕文德军队，靠近安丰待命。元人刘岳申《大元开府仪同三司行中书省左丞夏公神道碑铭》，就说吕文德出奇制胜，先假立疑兵，用作欺敌。吕文德命令夏贵，筑土圃于滨江瓦步，又树立五色旗帜，于废寺林落之中。蒙古军队，远远看了，还以为南宋又派了援军，以为自己情报失去掌握，急忙进攻。吕文德抓住机会，率军渡河，进入安丰城中，安丰守城将士，见到我方援军终于进城，士气大增。突围而出，与吕文德内外夹击，蒙古军大败，损失军备物资不少。被围困三个月的安丰，安然无恙，没有失守。

嘉熙四年（1240），蒙古军攻下寿春，寿春是淮西重要战略要地。昔日开禧二年（1206），金兵南下淮南，占领寿春等地；嘉定和议之后，以淮水为界，寿春归宋。如今蒙古得到寿春，南下进军也容易许多，日后蒙古军将领张柔，之所以可以轻易渡淮，进逼安丰军等地，都是因为南宋失去了寿春的缘故。

淳祐二年（1242），宋理宗任命李曾伯为淮东制置使兼淮西制置使、知扬州，又要他军事便宜行事。就地理位置来看，寿春处于淮河北岸，与安丰城隔河相对。李曾伯身兼两淮制置使的任务，就是守护安丰军，收复寿春，将蒙古军驱逐淮河之外。淳祐三年（1243），宋理宗又下诏给李曾伯，认为寿春是南北要冲、两淮门户也曾被蒙古占领，可是窝阔台死后，蒙古军并未好好经营寿春，只是作为基地驻扎，往往南下攻掠，打了一阵子后，惟利剽杀，抄掠以后，即弃之而去。如今的寿春，颇为残破，也没在寿春有固定驻军班底，所以宋理宗给李曾伯的任务，就是重新占领寿春。李曾伯接令之后，将此重要任务由王安来负责统筹，又派建康都统制、知安丰军王福，义士军游击都统制张仲宣等人，辅佐王安。

不过，蒙古军得到情报，自然不会让李曾伯与王安予取予求。淳祐四年（1244），为阻止南宋军修城，蒙古朝廷也陆续派出军队骚扰破坏。

南宋政府得到消息后，也派出吕文德等人，出发救援。

主角吕文德出场，仿佛胜利的乐曲又响起。吕文德到达寿春附近之后，先观察情势，派出斥侯，评估双方态势，决定一战。同样是夏贵，夜袭蒙古军，类似的策略，类似的结局，双方激战一个晚上，夏贵胜利了，尽平蒙古诸寨，恢复了南宋运输的补给线道，顺利进入寿春城。

吕文德与夏贵知道此时士气正盛，蒙古军颇有不及，于是又出城，击退蒙古包围军。蒙古军见吕文德来势汹汹，盛气凌人，打不赢，只能摸摸鼻子，向北败逃。

吕文德从旅生涯的最精彩表现，可以说是与蒙哥的钓鱼城之战。吕文德在开庆元年（1259），被任命为保康军节度使、四川制置副使兼知重庆府，之后又总领四川财赋。这时的吕文德，负责重要地带四川，掌管军政与财务，获得了"节度使"头衔。前面我们说过，"节度使"在宋代可以说是武官的极致，也是武人仕途之中最重要的职级。

也就是这一年，蒙古宪宗九年（1259），蒙哥笃行"斡腹之谋"，大军抵达合州，就是今日重庆合川，在合州的东部，仁立在嘉陵江、渠江、涪江交汇的半岛——钓鱼城。

钓鱼城的战况，我们在第三章已有说明，不再赘述。反正蒙哥怎么打，就是打不下来，吕文德、向士璧等人，奉命急赴战场，他溯流而上，目标是解除合州被包围的困境。蒙哥当然也收到情报，派出纽璘，既从水路，也从陆路，多方前进，在水上，则搭浮桥，在陆上，则用阵地，就是要阻止吕文德前进。

两军相持数十日，某日，吕文德观察季节特性，认为南宋军应该要趁着河水暴涨，趁着天时地利，进攻浮桥。果不其然，吕文德的判断是对的。南宋军进攻，击退蒙古大军，敌方纷纷撤退，吕文德等人获取胜利，得以进入重庆。

士气高亢，吕文德打铁趁热，又出城，准备与蒙古续战。吕文德率领战船舟舰等千余艘，沿着嘉陵江而上，他的目标很明确，就是要帮助钓鱼城。钓鱼城因为有计划的修筑，可以说是铜墙铁壁，不过蒙古大军也不是省油的灯，早就重重包围，为了战略，为了自尊，为了种种目的，蒙古军也是非打下钓鱼城不可。

即便防守严密，吕文德还是在各种包围与阻拦之下，硬是冲破了蒙古的防线，援救钓鱼城。蒙哥见吕文德势头难挡，派出史天泽迎战，史天泽的策略是把部队分成两边，一用陆路，在黑石峡两岸部属，另一只部队则是水路。吕文德逆流而上，史天泽则是顺流而下，两军遭遇，岸上攻矢如雨，水军作战，两边人马也是奋勇当先。吕文德这场倒是打输了，无法进入钓鱼城，难动敌方分毫，逼不得已，只好退回重庆。不过他的勇猛表现，不论是对敌方，还是自己人，都让人印象深刻。

最后的故事，我们也都知道，蒙哥决定撤退，最后死于异乡。

合州、钓鱼城终究守住了，吕文德的各种支援作战，实在功不可没，表现确实精彩。

同样这年，吕文德救完钓鱼城，又前往鄂州，这次的对手是拔都儿部。吕文德还是打赢了，挟着胜利余威，带着主角光环，进入城池，支援防守。没多久，蒙古军也撤退北返。宋理宗听到消息，高兴不得了，他还下诏，褒扬吕文德，说他援蜀、援鄂，都有极好的成绩，战果优异，特赐百万钱缗，以及良田万顷。

吕文德，确实愈来愈"得意"了。

吕文德的威信，也是有实际战功作为支持，是真的有本事，不是虚假糊弄的。

从军事的战功成果，转到朝廷内部的人际网络，贾似道与吕文德的关系一直很好。甚至可以说，吕文德根本就是他的亲信、人马，吕文德的优秀，贾似道自然与有荣焉，脸上有光；反过来，有贾似道在朝中照应，罩着他，吕文德当然也是一马平川，一路向上，不断升官加职。景定二年（1261）超授太尉，景定四年（1263）兼宁武军节度使。咸淳元年（1265）授少保。咸淳三年（1267）加授少傅，咸淳五年（1269）受封崇国公。宋衔《与襄阳吕安抚书》，虽然是写给吕文焕的（"吕安抚书"云云，是指吕文焕，而非吕文德），信中也提到吕文德少保制置，出自戎行，驱驰边境，守御奔援。所立的武功事业，在我朝（南宋）已经是前几名。然后又以两镇以至开荆南之制，总领湖北之利权，其报效酬勋，可以说是极致了。

他的荣华富贵，功名利禄，几乎可以是到达人生巅峰了。

权力让人腐化，绝对的权力让人绝对腐化。当然，吕文德表现很好，也有大哥罩着，这时的他，应也是有些飘了。宋衜《与襄阳吕安抚书》还继续说到，声名、富贵、良田、妻妾、房产，吕文德什么都有了，什么都不太缺，却是渐亏臣节，愈来愈专断专为。威爵赏罚，大多由心，没有规矩；刑戮在口，自己说了算，不用管守不守法。吕文德藉上流之势，嚣张跋扈，专用自己人，行为是愈来愈过分了。

不过，也不能全说吕文德劣根性问题，换作是你我，有了这样的地位，有了这样的身份，有了这样的人脉，有了这样的成绩，天助自助他助皆具，自得意满，也是人情之常，不足为怪。不用把纯洁无瑕、十全十美的标准，套到吕文德身上。

我们在前一章讲过，吕文德斗走刘整的事情。我们常说文人相轻，其实人与人间，往往也是如此，人生艰难的地方，是真情难寻，世间所谓的朋伴，大多萍水相逢，或同事一场，或同学数年，能细水长流，适道论学，同建事业，友谊历久一样浓者，往往稀少。更何况，这些交往，有时不免夹杂轻与妒，"知交遍天下，宁免轻与妒？惟君无他肠，款款出情愫"，读书愈多，执障愈大，所争所求亦难免更难看更难堪。不过，真情也罢，虚意也好，又有什么是永久的呢？真要不变的，恐怕只有无常。

刘整自视甚高，自以为功大，战果成绩都好，所以瞧不起别人。吕文德又何尝不是呢？真要去比，两人到底谁的功劳比较大，还很难说。吕文德官职较高，却是绝对可以肯定的。刘整说话不分轻重，不懂得尊重，吕文德见此人如此，又与自己关系不深。派系不同，还常常有意无意得罪自己，换作他人，要去容忍刘整，也不是件容易的事情。

设身处地，可以理解两人的不满与情绪。就人际关系与人的心理感受来说，实在难说对错。

不过，这些行为上升到国家社会的层面，可就兹事体大了。

另外，吕文德最常被后人诟病的，是他专用自己人。例如吕文信、吕文福、吕文焕、吕师夔、吕师龙、吕师道、吕师孟、吕师望，甚至是女婿范文虎，还有同乡的夏贵等等，用自己人，听自己想听的。外人进不去这个圈子，或被排挤，或被轻视，或被敌对，当然会很有意见。这些人攀亲带故，大搞小团体，成立派系引人侧目，让人看不顺眼，也是很正常的。

吕文德过度相信自己人，我们自然可以质疑、批评。但也不能说全是错的，吕文德的家族，这些吕家班，并非都是脓包蠢材，很多人也是有功劳在身，有理想，有才华，有表现的，例如早期的夏贵、吕文焕等等。

外边圈子的批评、不满，渐亏臣节，有道理，也掺杂着许多羡慕、妒忌与恨意，既是针对吕文德，针对吕家班，也是针对贾似道，针对"更大"的"小团体"——贾似道的人马。

所以，金庸小说《射雕英雄传》和《神雕侠侣》说吕文德的表现，让人离心离德，也不能说错。不过是哪些人离，哪些人不离，不离的未必比较好，离的也不敢肯定绝对好，才是耐人寻味的地方。

而世情炎凉，人际间的荒谬，往往在此。

同样也是刘整，被逼走投元之后，也有机遇大展长才。虽然人脉还是一样有问题，还是有大票的人不能接受他的言行，至少忽必烈愿意重用他——为了更大的目标：消灭南宋。

　　刘整投元之后，得到忽必烈的同意，蒙古南侵，重点目标，申请国家重大课题，就是对付襄樊。在刘整的认知里，吕文德无甚长才，光靠利诱就足以击溃他。他先是遣使献玉带于吕文德，好言软语，又或者是收买了吕文德身边的一些人，要求能在襄阳城外设置榷场。几次谈判，最后吕文德同意了。

　　刘整见状，机不可失，立即在樊城建立榷场，榷场不榷场的，根本不重要。刘整真正的目的，是建立据点，逼近襄樊。他修筑土墙于鹿门山外，有以通市的名义，建内筑堡。吕文焕一看，觉得不妥，想传达信息给堂哥，不料亲信遭到收买，吕文德根本没注意到这个消息。又或者是说，他觉得这个可能是假消息，不足为惧。

　　刘整又见状，同样机不可失，又在白河口增筑第二堡。吕文焕又看，怎么对方又来了，这不对啊！太奇怪了，立马再通知，吕文德终于得到消息，或如堂弟所言。不过吕文德仍感自信，觉得就算筑城，也大概是临时小城，不堪一击，难道真的能守能进攻？刘整只是一个被赶走的降将，别人怕他，我可不怕，"赛存孝"？别说笑了！他还认为吕文焕所言，都是建功心切，太急了，不要妄言邀功，何况襄阳、樊城池深墙厚，足以再撑十年，刘整真的敢打，我就把他打回去，让他屁滚尿流！

　　可是，事情却是，刘整有了据点之后，蒙古军得寸进尺，在地理优势上是有些予取予求了。《新元史》就说刘整筑垒置堡江心，起万人台，立撒星桥，以遏制南宋的各地援兵。有了占据点之后，刘整更是时不时出兵，骚扰游击襄阳、樊城。

吕文德听到消息，查明之后，果然如吕文焕所言，襄阳、樊城失了先机，现在处于被动反击的尴尬地位。吕文德深感后悔，觉得自己对不起国家，又痛又恨，觉得自己英明一世，怎么会做出如此笨蛋的决定。

咸淳五年（1269）年底，吕文德闷闷不乐，知道自己的自大、专断跟误信人言，害了国家社会，都是吕文德的错。也因为年纪渐老，身体不佳，心情不好，多疾多忧，决定退休。朝廷特授少师，改封卫国公。没过多久，病情愈来愈严重，对自己所犯的错误，更是深感愧疚，终于因疽发背而卒，国家给予的谥号是"武忠"。

吕文德死前二年，咸淳三年（1267），吕文焕代替程大元，知襄阳府兼京西安抚副使，防守襄阳。

跟堂兄一样，吕文焕很年轻时，就开始从军。跟着吕文德，在贵州、合州、鄂州等战役中，都有战功。堂兄吕文德镇守京湖边境，吕文焕也在军中。

吕文焕接替守襄阳的这年，阿术也担任蒙古军主帅，进攻南宋的襄阳城，并攻取了仙人、铁城等栅。襄樊之战开打，蒙古军长期围困襄阳、樊城。因为吕文德的失误，鹿门、白河等堡垒被蒙古捷足先登，南宋失了先机，水陆交通受制于他人，只能被动防守。吕文焕多次出击，希望能抢回主动权，不过蒙古军没有给他机会，都以失败告终。

蒙古至元五年，南宋咸淳四年（1268），忽必烈升职刘整为镇国上将军、都元帅。该年九月，刘整就偕同都元帅阿术督诸军，进围襄阳，又率兵五万，袭击沿江诸郡，俘获宋民八万。《新元史》记载，刘整对阿术说：

我们蒙古精兵突骑，所向披靡，所当者破，只是水战不如南宋。我们现在要做的事情，夺彼所长，造战舰，习水军，大事必可成。

蒙古至元七年即南宋咸淳六年（1270），刘整得到忽必烈的同意与支持，筑实心台于汉水中流，上置弩炮，下为石囤，以控制南宋战船舟舰的出入河道。还打造精良船舰、训练水师，造船五十艘，日练水军，就算下雨不能操练，也在室内进行模拟演练。最后得战士七万，更与蒙军征南大元帅伯颜持续围攻荆湖军事重镇——襄阳与樊城。

吕文德死后，吕家班余威仍在，贾似道仍旧权势独大，一手遮天。吕文焕死守襄樊，虽然"吕家班"的夏贵、范文虎等人，多次奉命救援襄樊，却始终无法冲破蒙古的层层屏障，无可奈何。吕文德身死，吕文焕虽有战功，声望与能力，都不足与堂兄吕文德比肩，而当时能力高于吕文焕者，大有人在，例如战功彪炳的高达，不过贾似道始终不同意换将。

再者，襄阳樊城被死死包围，实在难以解围，更不必说左冲右突，杀入城中，增援防守。擅自替代大将，不知能否动摇军心，所以南宋朝廷也是为难，一时之间，不知如何是好。

同样是蒙古至元七年，南宋咸淳六年（1270），吕文焕以步兵骑兵等一万五六千人，又以兵船舟艇等百余艘，直攻蒙古的造船基地万山堡。出师不利，被蒙古军将领张弘范击败，奇袭失败，落荒而逃。

《宋史》说，自从襄樊被围困以来，贾似道表面上似乎有承担的决心与责任感，提出要求，自己的国家自己救，准备前往边境，支援前线。真正的情况，却是贾似道暗中要求台谏上奏来挽留自己，朝中仍有大用于他。

当襄阳守将吕文焕告急书信不断传来，贾似道又故技重施，做做样子，要求申请巡视边防，只是竟然就到两淮，而不是襄樊。监察御史陈坚等人，明白贾似道的用意，懂了贾似道真正的心里话，刻意上书，认为顾襄阳就不能顾淮，顾淮就不能顾襄阳，还不如留在朝中，随时注意边防，于是在中书设机速房，方便指挥调度军中战事。

这时，以高达代替吕文焕的建议，再度被提出。监察御史李旺就曾率领朝臣，希望贾似道能颁布命令，要求以高达取代吕文焕。不料贾似道一听，脸色深沉，摇手拒绝，还说："如果我用了高达，吕文焕、'吕家班'怎么办？"言下之意，吕家班是我罩的，我自己换了人，我又该怎么办？岂不是自打嘴巴，自我打脸，说我自己识人不明吗？坚持不答应。李旺等人，知道争取无用，出来之后，大家只能面面相觑，叹息吕氏或许是保住了，赵氏江山可就危险啦！

朝廷佚闻，言人人殊，消息早就走漏，传到吕文焕耳里。吕文焕一听，实在不是滋味，辛辛苦苦守城，迟迟不见援军，不见褒奖，朝廷还老是有人想搞掉我，简直莫名其妙。门客听到了吕文焕的抱怨，更是异想天开，提出了最直接、最有效，却也是最愚蠢的建议：高达要来代替守城，主要是朝廷认为我们守城不力，岌岌可危。要怎么样护土有功，让朝廷放心？就说他们想听的啊！以后我们不论打赢打输，一律捷报上传，高达不会来，大人官位，也就高枕无忧了。

战事告急，南宋朝廷内外，还在大玩无间道。重点是，这个情报被蒙古掌握住了，宋衜就写信劝降吕文焕，《与襄阳吕安抚书》，说他在吕氏家族中最才最贤，不料南宋却不珍惜，如果真的将易置腹心，派出高达等人代替，尺书见召，鱼脱于渊，你吕文焕之祸，恐怕即将到来，殷鉴不远，在夏后之世，实在让人担忧。

结果，招降失败，吕文焕目前还没有这个想法。不过只限于"这时"，以后才会有。

三、史天泽助战

虽然我们总是强调襄阳、樊城被围困，南宋朝廷如何腐败、统治集团缺乏远见等等，虽然都是事实，另一方面，也是实际的状况，忽必烈虽然听从刘整的建议，大举进攻襄阳。襄樊战事中，蒙古军队并非一帆风顺、也没能立马把南宋收拾得干干净净。

襄阳、樊城之战，打了六七年，并不轻松，南宋守军尽心尽力，支持苦撑，是很大的关键。

至元六年（1269），蒙古朝廷，决定派出史天泽助战。

史天泽是谁呢？他是汉人，也是蒙古大臣，是最早以汉人身份来担任丞相的重要人物。

史天泽，字润甫，永清人。史家本来就是真定地区的豪族，本身也有部队，说是有势力的军阀，也没有太大问题。史天泽出生时，北方属于金朝统治，理所当然，他也是金国人。

蒙古太祖八年，南宋嘉定六年（1213），南宋是史弥远当政。北方政治，也渐渐起了变化。首先，金章宗在泰和八年（1208）过世，几个儿子都早夭，金章宗生前更没有指定继承者。朝中大臣经过一番决议，各种利益冲突、折中调和的结果，最后，金章宗的叔父卫绍王完颜永济（完颜允济）继位。可是，完颜永济实在成不了事，庸庸碌碌，几近无能，《金史》说他"柔弱鲜智能"，朝臣也多看不起他。当时崛起的外患，铁木真（成吉思汗）雄心壮志，乃历史上有名的人杰，更是不把完颜永济放在眼里。

大蒙古国出击。金国大安四年，南宋嘉定五年（1212）铁木真再接再厉，亲自出征，包围金国西京大同府。

金国战况紧急，偏偏国内又有叛乱，耶律留哥起兵反金，蒙古招降他，他便顺势投奔。于是金国更弱了，外交内政等情势，更是每况愈下。偏偏卫绍王完颜永济又拿不出办法，只能干着急，彷徨无助。

两年后，金国至宁元年，南宋嘉定六年（1213），蒙古大军再次攻来。卫绍王完颜永济依旧毫无办法，只能困守。同时，有人坐不住了，纥石烈执中率先起兵，杀了卫绍王完颜永济，又拥立完颜珣，完颜珣即位，是为金宣宗，年号贞祐。金宣宗是金世宗的孙子，卫绍王完颜永济的侄子，与金章宗同辈份，是异母兄弟。

日暮西山的金国，内忧是政情不稳，外患是蒙古太强。《金史》说战况是："时山东、河北诸郡失守，惟真定、清、沃、大名、东平、徐、邳、海数城仅存而已，河东州县亦多残毁。"

也就是在这年，史天泽的父亲史秉直投降蒙古。史家人，包括史天泽与哥哥史天倪，自然也都跟随父亲，进入蒙古政坛。

大将木华黎看中了史家，特别是史天倪与史天泽，在其麾下，立下许多汗马功劳。不过哥哥史天倪也发生了一件憾事，武仙归降于史天倪。武仙此人，我们在前几章也说过，他可是战功彪炳，金国名将。因为蒙古实在太强，他只好虚情假意，诈降蒙古，之后趁机会杀了史天倪，回归金国怀抱。武仙又与南宋联合，再分手，武仙在顺阳时，也曾击败过南宋孟琪的军队。金亡之后，逃亡到泽州，被卫兵所杀。

哥哥被杀，兄终弟及，史天泽接替哥哥位置，同样为都元帅，击败武仙，为兄复仇，后来灭金的功劳，也有史天泽。符海朝在《元代汉人世侯群体研究》中就说，史天泽，又或者可以这样看，史氏一家，在金朝时，本就家世显赫，投靠蒙古之后，屡立战功，史氏也因此跻身上层贵族，可以说是知时得势，享受与蒙古勋臣差不多的声望与待遇。

蒙哥汗时期，因为用人政策与蒙哥的主观好恶，史天泽不受重用。不过史天泽与忽必烈关系颇好，蒙哥死后，史天泽运用一切资源，帮助支持忽必烈上位。忽必烈与阿里不哥争位，他也竭尽所能地帮忙，尽心尽力。更进一步来看，蒙哥汗时期，虽不受重用，但家世未衰，仍有地位，只是潜龙在渊，较为低调行事罢了。李璮之乱后，忽必烈为了预防类似的行为，于是采取措施，废除世侯制，史天泽也很聪明，非常配合，他与子侄们一起，自动自发地解除军职，以安忽必烈之心。可见其家族观风察时的能力，以及敏锐的政治眼光。

忽必烈即位后，召见史天泽，询问治国之方。史天泽回答，治理国家当然需要很多步骤，琐碎的事情也非常多。最重要的，还是朝廷应该先立省部，以正纪纲，设监司以督诸路，需恩泽以安反侧，退贪残以任贤能，颁奉秩以养廉，禁贿赂以防奸。庶能上下相应，内外休息，才是安民之道。忽必烈听了，颇为满意，命他前往鄂渚撤江上军，之后又授河南等路宣抚使，俄兼江淮诸翼军马经略使。

中统二年（1261），忽必烈提拔史天泽为中书右丞相，也是元朝蒙古最早的汉人丞相。至元四年（1267）改中书左丞相。这些举动，忽必烈除了政治利益的回馈之外，当然也有向其他民族宣示的政治象征。史天泽当上中书右丞相后，之前他与忽必烈谈到的治国安民之术，渐次实践。又定省规十条，以纠正庶务。忽必烈即位初年，括户余百万，就是检查户口，如有不申报实者，遣送还乡或就地入籍，还要处罚。其中，色目人占劳役者大半，史天泽也尽量减轻。

史天泽的仕途发展，或跟随忽必烈出征阿里不哥，又或是与蒙古王族哈必赤一起，率军前往镇压李璮叛乱。李璮被擒之后，《元史》记载史天泽建议哈必赤，速斩李璮，以安人心，哈必赤自然也是言听计从。

也因为深得忽必烈信任，至元六年（1269），忽必烈决定派出史天泽助战，这时史天泽已经六十二岁。派出史天泽的原因，第一，当然是要借重他的谋略与经验，尽快打垮襄樊。毕竟襄阳樊城守军苦撑待变，再让他们死守下去，结果如何仍未可知。第二，史天泽与忽必烈的关系，众所皆知。派他出马，声势大增，当然也是一种重要象征：此战必须要胜。而除了史天泽之外，还有驸马忽剌出。第三，或许在忽必烈的判断中，襄樊就算再顽固难缠，只要进攻得法，不要再延宕下去，不出什么大差错，应该也可以攻克。只是损失或大或小，忽必烈派出他们，自然也有为他们增添功劳，想给他们福利的意思。

史天泽接到命令，阿里海牙为中书右丞。根据《元史》，忽必烈赏赐他白金百锭、楮币万缗，隆重为他送行。史天泽等人，马不停蹄，到了之后，观察要地，在要害立城堡，扎城寨，杜绝南宋的各种支援，为必取之计。他接受阿里的建议，在砚山之首筑堡，设立河南军前行中书省之所，并要求由阿里海牙，每日固定发出战情快马奏报忽必烈。佥事崔斌跟随史天泽军队，他建议可以从砚山以西，再到万山，北达汉江，此地带应该修筑城堡以及沟堑，把对襄阳城的包围网，加固加深，史天泽同意其做法。又在万山以西，南经楚山、百丈山东，再至鹿门山对岸一地修筑长围。砚山和虎头山之间，则是造一字城，史天泽把这些设施连接起来，阻隔襄阳。

万山之地，甚至有阿术重兵防守，就连襄阳军民，入山砍柴，都得东躲西躲，处处受控。前面就讲过，南宋咸淳六年（1270），吕文焕以步兵、骑兵等一万五六千人，又以兵船舟艇等百余艘，直攻蒙古的造船基地万山堡。出师不利，被蒙古军队将领张弘范击败，奇袭失败，落荒而逃。吕文焕之所以要攻击万山，其因在此。

只是，史天泽到军之后，身体不适，生了病，不得不返朝养身。至元七年（1270），忽必烈把荣耀再加身于他，进开府仪同三司、平章军国重事。

至元十年（1273），襄樊之战仍在继续。不过我们从后来者的视野，知道战事已近尾声，史天泽又奉命，与阿术等人，再进攻樊城。终于，樊城陷落，襄阳投降。隔年，至元十一年（1274），忽必烈下诏，史天泽与伯颜，总领大军，从襄阳水陆并进，蒙古军是打算一鼓作气，取鄂州，甚至消灭南宋了。

史天泽虽然身体不适，还是出发，到了郢州，又染上疾病，逼不得已，只好先返回襄阳休息。忽必烈听到消息，关注之情，溢于言表，马上遣侍臣前往问候，特赐以葡萄酒，希望史天泽早日康复，还传达口信，说史天泽从以前到现在，躬擐甲胄，跋履山川，出力甚多。如今又南伐襄樊，他日功成，南宋灭国，皆史天泽等人之力。即便真的无法前往，也不要担心，不要因为小病觉得会拖延行军，过意不去，真的不行，好好休息，切勿勉强，可以暂且先北归返回，善自调护。忽必烈的用意很明显，史天泽身体为重，打或不打，功劳都一定有。

忽必烈与史天泽君臣多年，史天泽当然懂这位老板的用意。北返途中，到了老家真定，忽必烈仍不放心，又陆续派人探视，要医生多多照应。史天泽知道自己大限已至，附奏曰，人终究难免一死，年岁有终，臣死不足惜，只愿我朝兵马渡江，慎勿杀掠。过没多久，终究扛不住，史天泽逝世。

《元史》称赞史天泽为人低调，未尝自矜其能，在临大节之际，又毅然以天下之重自任。年过四十，才开始折节读书，特别娴熟《资治通鉴》，立论分析，往往出人意表。在他拜相之日，门庭悄然，不铺张，不喧哗，不大打旗鼓。有人劝他可以多用自己人，扩展人脉，史天泽往往拒绝，说："愿相公无权。爵禄刑赏，天子之柄，何以权为！"可见其严守分际，懂得分寸。

值得一提的，史天泽目前存有一首诗《巡历太康》，全诗如下：

奉使孤城驻马蹄，霜风冽冽战旌旗。一钩薄暮天边月，照见禽荒旧地基。

从诗意来看，孤城、霜风、薄暮、"禽荒"和"旧地基"等等，都是比较悲凉、沧桑的语调。虽然从这首诗中，难以观察到较为全面的史天泽，如果结合他死前对忽必烈的叮咛"只愿天兵渡江，慎勿杀掠"，或许还是可以说，他对于战争的残酷，显然深有体会，毕竟战争不仅是打打杀杀，而是跟整个国家相关，从国格到国体，从经济到民生，从社会到外交，牵一发动全身。史天泽关心百姓生活的安稳，或许从诗句与生平言语之中，可以找到注解。

四、包围樊城，襄阳城投降

北边君臣相得，相知相惜，南宋这边，可就不好过了。

之前说过，吕文焕听到换将传闻，颇有不满，只是并未发作，还是尽力守城。即便是史天泽亲自到来，仍旧死死守住，不给对方机会。

前一节说过，至元六年（1269），忽必烈派出史天泽与驸马忽刺出，做了许多进攻工事，襄阳、樊城守军的日子，就更不好过了。

吕文焕有内忧，朝中非贾似道集团的人总对他不放心，要找人换掉；亦有外患，蒙古大军史天泽、阿术、刘整等，能争惯战，有勇有谋，又逼得很紧，咬住不放松。吕文焕也是一个头两个大，夙夜匪懈，苦撑待变。

状况虽恶劣，吕文焕还是奋力抗敌，努力做好自己的工作。蒙古至元九年，南宋咸淳八年（1272），总算有了一些好消息。京湖制置大使李庭芝，派出张顺、张贵兄弟，率领部队，支援襄樊，他们辛苦备尝，张顺战死，张贵终于成功突破蒙古重重封锁，进入襄阳城。

对此战役，《宋史纪事本末》有专卷《蒙古陷襄阳》，说张顺、张贵等人，奉命救援襄阳。这时汉水涨潮，他们顺流前往，出动舟船百艘，稍进团山下。接着又进入高头港口，布结方阵，各船都配置火枪、火炮、炽炭、巨斧、劲弩等等。夜晚时分，昏暗不明，于是起灯出江，以红灯为号，张贵先发，张顺殿后。这群披荆斩棘的哥哥，乘风破浪，径犯重围。到了磨洪滩，蒙古元兵布舟蔽江，层层叠叠，无隙可入，张顺只好乘锐断掉铁锁，又准备数百小木桩，以作随时登岸、阻截对方追击之用。他们转战百二十里，找寻可进之处。找了又找，走了又走，黎明时分，终于抵达襄阳城下，襄阳城绝援已久，听到好消息，似乎是张顺等人到了，踊跃过望，大声欢呼，人人勇气百倍。等到部队进城，清点将士，唯独没看到张顺。几天之后，有浮尸溯流而上，被甲胄，执弓矢，直抵浮梁，大家一看，原来张顺早就战死了，只是当时夜色不明，没有发现罢了。检查尸首，只见他身中四枪六箭，怒气勃勃，犹然如生。

张贵的到来，不只是精神上的鼓舞，还有兵力的补充，更重要的是带了许多物资。稍后，"吕家班"的范文虎，也从郢州赶来，希望能帮到襄阳。吕文焕听到消息，计划里应外合，范文虎冲进来，张贵出城支援。不过计划虽好，现实很残酷。首先，约定的内容时间地点等等，都被南宋逃兵出卖。而范文虎竟然说话不算话，没有按照约定出现。计划无法实行，张贵力战，全军覆没。张贵被元军抓住，成了俘虏，后被杀害。蒙古还故意派出南宋降将，把张贵的尸体送到吕文焕面前，当作羞辱与警告。吕文焕一看，大怒，几乎气疯，杀了这几个南宋降将，又为张顺、张贵立庙。

《宋史》记载张贵这段故事，活灵活现，笔法相当细腻。张贵抵达襄阳后，襄阳统帅吕文焕的原意，是希望张贵留下，增添生力军，一起守城。张贵另有想法，他恃己骁勇，想要与郢州合作，于是私下募得二士，号称能伏水中数日，不必饮食，于是张贵要他们持蜡书，急赴郢求援。可是蒙古部队对张贵进城之事引以为戒，更加严密防守，水路连锁数十里，列撒星桩，围得水泄不通，仿佛连苍蝇都飞不进去，鱼虾都游不过去。

张贵私募的两位死士密使，遇桩即锯断，千辛万苦，还是平安到达。从郢州回报后，张贵得到允诺，范文虎答应发兵五千驻龙尾洲，以助夹击。

约定已成，计划也安排好了。张贵告别吕文焕，准备东下，清点部军。正准备登舟，发现帐前有人逃去，一查，原来是之前犯了错被处罚的人，怀恨在心，张贵估计他是逃亡到蒙古军队，泄露告密去了。心想，当今之计，可以取消，可是取消计划，范文虎军依约前来，不能会合，若是被蒙古军发现，他们会有极大的危险，反而更不利，还不如趁对方尚未反应，不知虚实，疾行而去。张贵凭仗自己的勇武，太有自信，选择后者，因为时间紧迫，不能衔枚隐迹，只好直冲，举炮鼓噪发舟，以免部队不知端倪，听不到军令，更添不测与凶险。

张贵兵团，乘夜顺流，砍断铁索，破围冒进。一时之间，人人奋勇当先，猛不可当。厮杀一阵子后，张贵军出险地，夜半天黑，到了小新城，又见到蒙古大军前来，避无可避，只好以死拒战。

这个时候，沿岸束荻列炬，火光烛天如白昼。张贵边战边走，体力已经有点不支。总算到了勾林滩，渐近龙尾洲，遥遥望去，军船旗帜，纷披将至，张贵军见状，大喜过望，守得云开见天明，以为是己方援军。大概是范文虎按照约定，前来会合了，高举火把暗语。对方见到信号，加速前进，愈靠愈近，愈来愈近之时一看，不是范文虎，竟是蒙古人！

原来范文虎的郢州兵，早在前两天，觉得风大水急，出兵可能会有危险，早就撤退三十里。范文虎失信了，情报也没有传到张贵这边，张贵不明就里，还是按照约定前往。张贵本来就疲惫不堪，如今又迎头撞上敌军，没办法，只能死战了，身边战友，都被杀伤殆尽，几乎全军覆没。张贵自己也身被数十枪，体力不支，仍不愿投降，最终为国战死。

张顺、张贵相继殉身，范文虎增援失败。襄阳又被层层兵马堡垒再度围困，密不透风。吕文焕只能硬着头皮，捍御应酬，竭殚心力。城中粮食虽然还可以支撑，可是衣装薪刍，早已断绝。吕文焕没办法，只好把屋顶撤下，当作柴火，又缉麻为衣。每次巡城，军民看到他都忍不住南望恸哭，大家都在等待南方的政府援军。

友军、自己人还没有来，回回炮倒是来了，不过这是敌人的。蒙古军在回回炮以及攻城利器抛石机的帮助下，把樊城攻破了，阿里海牙甚至还下令屠城。这个时候史天泽还活着，他又再次见到蒙古大军屠城，或许是同胞之情，或许是看不惯屠城的残忍，又或者是南宋还未真正被消灭。阿里海牙的举动史天泽并不赞成，也不乐见，他死前的遗愿"只愿天兵渡江，慎勿杀掠"，显然是真诚而且有缘故的。

另一方面，吕文焕的意志力，似乎也开始崩溃了。

攻下樊城，大概是在蒙古至元十年，宋咸淳九年（1273）左右。根据《续资治通鉴》记载，襄、樊两城，汉水处于其间，吕文焕种植大木于水中，又锁以铁绠，上造浮桥，以通援兵，此举颇有远见，而樊城往往也恃以为固。蒙古军河南前行省，召开军事作战会议，水军总管张禧建议，优先破坏樊城与襄阳城之间的浮桥，切断两城之间的联系，意见被采纳。阿术命令部队，锯断汉水上的木条，以及砍断铁索，放火烧桥。同时对樊城的进攻也不放松，持续紧迫盯人。蒙古军总管张兴祖，火攻南宋战舰，王守信破坏汉水上的木条以及铁锁，南宋落入下风，被俘虏的战船就有二三百艘。

李天鸣在《宋元战史》中分析，蒙古军兵分五路，也有说法是十三路，持续进攻樊城。南宋守军，在樊城南面做了一个栅栏，一方面阻止蒙古军队，二方面是保护城堡，双重防护。不过，刘整早就探查情报，了然于心，他先是派出游泳健将，把横挂江面为阻止蒙古进军的木条弄断，又使用回回炮向樊城射击，朝栅栏放火。栅栏果然承受不住，逐渐被摧毁。刘整派出隋世昌到新城，建筑临时基地，南宋军要来抢占，设法破坏，双方你争我夺，互不相让，拼搏激烈。这个时候，城墙上，战舰旁，沿岸边，箭如雨下。不论是南宋的守城炮，还是蒙古的回回炮，轰来轰去。伴随着宋元士兵的厮杀声，或跑或跳，或砍或刺，吼叫、哀号、呼喊、求饶、打气，血肉横飞，急促的呼吸声，混杂着江水、汗水与泪水。

终究，蒙古军刘国杰还是摧毁了樊城南面城墙，登上城头。没多久，蒙古李庭也赶到，先用茅草、泥土填平壕沟方便蒙古部队进入。樊城南面如此，西南面与东北面的战斗也很激烈。蒙古军颇有计谋，都架好回回炮，对准樊城南面。没想到开战后，转移部分炮台到西南面攻其不意。此举确实也奏效，回回炮的威力也让南宋军难以招架，只能殊死抵抗。蒙古史弼从东北面攻上，他负责这个区块，从咸淳八年（1272）打到现在，樊城东北面，破损不堪。史弼军一鼓作气，愈战愈勇，冒着箭石，忍着伤痛，也打下了这面墙头。

此时襄阳兵队若想救援，蒙古则设兵在汉水阻截，终于，樊城被攻破。京湖都统制范天顺力战被擒，仰天叹曰："生为宋臣，死为宋鬼！"被守军缢死。牛富同样心有不甘，率领死士百人巷战，杀伤元兵甚多。渴饮血水，转战而进，遇民居则烧绝街道，还是寡不敌众。牛富身被重伤，深知已无可挽回，决定以头撞柱，赴火自杀。裨将王福看到自己的长官，说将军死于国事，我也不独生！同样赴火而死。

此情此景，让人想到金庸小说《倚天屠龙记》，明教众人在光明顶上齐念的诗："焚我残躯，熊熊圣火。生亦何欢，死亦何苦？为善除恶，惟光明故。喜乐悲愁，皆归尘土。怜我世人，忧患实多！怜我世人，忧患实多！"

野心家与战争，百姓与战争，所谓的善恶与战争，所谓的师出有名，说来说去，战士军前，无定河边，都只能是"怜我世人，忧患实多"了！

得到樊城，下一步便是襄阳城。吕文焕得到消息，又惊又痛，忐忑不安。忽必烈雄才大略，知人善任，其实从另外一面来说，也就是工于心计，谋略甚深。根据《元史》、姚燧《湖广行省左丞相神道碑》、刘敏中《敕赐镇国上将军福建道宣慰使兼镇守建德万户赠荣禄大夫平章柱国温国公谥恭惠珊竹公神道碑铭》等资料所记，互相比对，此时到底是攻城还是劝降，忽必烈曾要求进攻襄阳的将领们，召开讨论。刘整对"吕家班"存有恶感，希望忽必烈能趁势进攻，不要停步，歼灭襄阳守军，不必手下留情，很明显的是站在个人好恶的立场所说。

刘整的主观意见，当然得不到支持，阿里海牙等人则是希望先劝降，不成，再硬攻。

忽必烈收到大家的讨论意见，决定主动释出善意，写了封招降书，从城外寄给吕文焕，大意是说：吕文焕等人，据守孤城，苦撑了好几年，也是为大宋为皇帝，尽心尽力，不辱君命，仁至义尽，很负责任了。凡事都有个限度，尽人事即可，实在不必要赔上自己的命。不只是自己的命而已，满城军民数万生灵，大家的命，也都是命，未必人人都想为国而死。就算要赔上自己，也不必赔上他们。于今之计，如果能诚心投靠我们，过去是非，既往不咎，不必再提，百姓得以生存，你也不必愚忠而死，未来事业，大有可期。

阿里海牙也到了城下，类似的话语，再对吕文焕说一遍，加深诚意。襄阳行省郎中张庭珍，也与阿里海牙等数骑，一起再到襄阳南门下，同样对吕文焕说，如今情势，已经很明朗了。你孤城路绝，南宋已无援军再来，欲以死守求空名，白白牺牲生命，很不值得。更何况城内百姓军兵？你要多为自己与他们着想才好，不要送死，也为生民请命，不要擅自决定他们的生死。

　　这个时候，元将大达立主动表示，希望偕同译史阿里、员外郎王某等人，进入襄阳城，当面劝降。吕文焕让他们进城，设宴招待，前几天彼此还对立、仇深似海、大打出手、你死我活的人。如今齐聚一堂，已经在讨论合作的可能性。大达立真诚以告，分析利害，对吕文焕说："如今南宋已是强弩之末，我方军力日强，国威日盛，带甲百万。以中国之大，供亿无穷，还筑长围，扼鹿门，横亘江路，要兵力有兵力，要人才有人才。除此之外，还有各式攻城利器，西域机石火器炮药等等，一应俱全。回回炮的威力，你是见过的，樊城再坚固，依旧守不住，更何况是襄阳城这个瓮中之鳖？你死守五六年，已经尽心尽力了，大家也都看得出来。实在不必宁为玉碎，不为瓦全，不必傻到送性命，你已经做得很好了，南宋满朝文武，大概不会有人能做得比你好了。为人臣子，你的忠义，非常足够，值得佩服。我朝天子，上应天时，下徇地利，中察时变，平宋是必然的，迟早之事，你好好为自己、为百姓，深思熟虑才好。"

　　吕文焕心中动摇，他身边的人，又何尝不是如此？帐前将田世英、曹彪，首先按捺不住，偷偷生擒总管武荣，将其五花大绑，当作礼物，输诚投降。过没多久，吕文焕也要黑杨都统前往蒙古军营，表面上说愿意投降，元军接见了此人，讨论了一些相关事情，准备要送他回去。张庭珍说其实吕文焕还没真的要投降，派出此人，只是为了观察情势，他是吕文焕亲信，不如硬留下来，看看吕文焕的反应。元帅阿术听从张庭珍的意见，觉得有道理，于是留住不遣。

　　此情此景，吕文焕看到这些行为与言论，还以为亲信也叛变了。左思右想，左顾右盼，城中粮食还可以用上一阵，不过军需民生物资，早就短缺。身旁将士，武器破损，护甲生蠹，大伤小伤，痛苦不堪。百姓连平时日用的柴薪都没得找，眼神都尽是无奈与无助，大家守城守得绝望、疲惫、荒凉、无依无靠。而南宋援军，来了是来了，结果不是被打退，就是被消灭；朝中舆论，贾似道政敌的攻击，从不放松，自己苦苦支持多年，被骂得比被奖的次数还多得多；襄阳百姓，确实如忽必烈所说，是无辜生灵，实在不必赔上性命。

转念一想，百姓如此，难道我吕文焕就不是吗？尽力了，我无愧于天，尽心了，我对得起国家。如今不降，依照目前状况，襄阳迟早不守，我与大家就算战死，又得到了些什么？

元至元十年，南宋咸淳九年（1273），吕文焕决定投降，先纳筦钥，次献城池。吕文焕又献陈攻郢之策，为表忠心与诚意，还请求以自己为先锋。

田汝成《西湖游览志余》，收有日后吕文焕答复宋太皇太后的回信。吕文焕投降，多年以后，在信中说，自己报国尽忠，一开始也是希望能做好工作，守卫襄樊，居危守难。怎知人心险恶，政治黑暗，世路多艰，襄阳、樊城是战争的最前线，是敌方的目标，也是兵家必争之地。军战凶危，多少人在此丧命、重残，双方交战，火枪、火炮、炽炭、巨斧、劲弩，伴随着断肢、哀号、眼泪与痛苦，在此待上一天，守上一日，已经是千难万难，更何况是九年？我苦苦支撑，守了九年。往南望向王师，救援始终不来，来了也是杯水车薪，就好像人的咽喉被扼住，已经是艰苦万分。

不料，樊城又失陷，根本就是被砍掉双手双脚一样，再无行动能力。

这时的情势，凶焰如斯，对方缓开一面，要我顾及自己与城中百姓，实在没有出路了，我也只能仰天而哭，伏地而哀。念及张巡之死，无救于前；想到李陵的投降，留住性命。我投降了，或许还能为百姓国家做点事情。人生啊！无可奈何而安知若命，想来也只能如此了。

襄樊之战，就此落幕。

《元史》有吕文焕的传记，吕文焕投降没多久之后，奉旨入朝，觐见元世祖忽必烈。忽必烈与吕文焕见面之后，深知此人的重要性，有着宣示象征的作用，在政治上的益处极大。对于即将面对南宋政府的殊死抵抗，善待吕文焕，绝对大有好处。忽必烈册封吕文焕为昭勇大将军、侍卫亲军都指挥使、襄汉大都督。忽必烈还爱屋及乌，给足了面子，特别又赏赐吕文焕手下的将校数名。

隔年，元朝至元十一年，南宋咸淳十年（1274），忽必烈又拜吕文焕为参知政事、行中书省于荆湖。忽必烈对于吕文焕的认知与定位，很清楚，诉求也很明确。此人对抗元军多年，死守襄阳，如今投降，可以发挥的政治目的只要能妥善运用，会很有效。忽必烈要求吕文焕率领自己的人马巡边沿江，对于那些抵抗的南宋将领，或与吕文焕有交情，或是"吕家班"的班子，吕文焕的任务，就是以自己为例，做好榜样，以叙旧的名义或其他各种方式，招降这些人。

蒙古至元十三年，南宋德祐二年、景炎元年（1276），蒙古统帅伯颜，攻克南宋首都临安，第一件事就是先要求吕文焕入城，这时吕文焕的职称是江东道宣慰使。吕文焕收到命令，入城之后，宣谕忽必烈的旨令，安抚

成了蒙古要横跨欧亚大陆的军事问题之一，不只是对付南宋而已。

这个时候，回回炮之于抛石机的加强与改良，就发挥了重大的效用。

在解释回回炮之前，我们得先说说"砲"与"炮"的差别。早在春秋战国的抛石机出现之时，又名"礟""礮""投机""发石车""拍""抛车"等等，后世也以"砲"称呼。火药发明或是金属火炮之后，北宋以后的文献，多见到"炮"的资料。更有趣的是，就文字学来看，"炮"字，毛炙肉也，反而出现比较早，抛石机被称为"砲"已是唐代的事情了。不过"砲"与"炮"的记载，在史料上还是多有混淆，未必当时人人都有明确的概念。就连《明史》的编纂者，也没有太在意，甚至弄懂这个差异，《明史》说古代所谓的"炮"，都是以机发石，就是抛石机。元初得西域"炮"，后来攻金朝的蔡州城，开始加上火药。只是造法不传，后亦罕用，所以应该不是"炮"，是"砲"才对。

张剑兵《中国古代抛石机研究》就特地厘清，相对来讲，所谓的"砲"与"炮"，当然都是军事的攻击武器，却非同一事。"砲"，指的是抛石机，抛射石弹，来破坏消灭对方城墙或是建筑物、设备等等。火药武器，诸如"火球""火羡黎"出现之后，"炮"或者是"火炮"，还是抛石机的结构原理，只不过抛射的攻击物体原本为石弹，如今为火药弹。而在北宋时期，部队所使用的火药武器，有火箭、火球、蒺藜火球等等，大多是以抛石机作为载体。北宋之后，火药技术发展，日新月异，一进千里，出现爆炸力、杀伤力更强大的高硝粒状火药，甚至是以陶制，或是铁制外壳。南宋陆游《老学庵笔记》就说南宋军队消灭钟相、杨幺，使用灰砲，是以极脆薄的瓦罐，内置毒药、石灰、铁蒺藜等等。金朝元好问的《续夷坚志》，也记载阳曲北郑村中社，有位叫铁李的人，腰悬火罐，点燃之后，投掷树下，火药爆开，猛作大声，群狐乱走。

张剑兵就说，早期弹壳较软，需以烧热的铁锥点燃，相较之下，这种由陶、铁做外壳，然后用引线点燃的火药，方便许多，攻击力也强。后来更有金属外壳的弹药，最有名的就是金朝所使用的"震天雷"。《金史》就说，"震天雷"是以铁罐盛药，用火点燃，炮起火发，其声如雷，闻百里外，甲铁等护铠，若被击中，高温炙热，往往会受重伤。所谓的"震天雷"，就是以高硝粒状炸药为原料，再用生铁铸成合碗形。攻击方式，可以用手掷，或是用抛石机发射。至于南宋，也有铁壳炸弹，称为"铁火袍"。

回回炮，最早是由阿拉伯人所引入，在攻城的作用上，就是以射石器，或者搭配火药攻击，是一种重型武器。"回回炮"，又称"西域炮"或"襄阳炮"。

其实，早在铁木真成吉思汗时代，就有使用炮具作为野战、攻城战的记录。蒙古西征，除了是经济、语言、物种、资本的交流之外，军备上的学习也是重要的一环。蒙古军队可能藉此吸收了相关的知识，对于炮弹的材料、制造、使用，开始调整改进。

蒙古进攻金朝，彼此攻防之间，也都有使用炮弹的记录。《金史》说龙德宫造炮石，取宋太湖、灵璧的假山为之，小大各有斤重。炮弹外形，圆如灯球之状。"龙德宫"是当年宋徽宗建造的宫殿，就在开封，此处所言，当然不是说宋徽宗，只是修辞上的借代用法，指称金宣宗南迁汴京，用通俗的话来说，就是金朝末年的意思。

金朝使用炮弹，蒙古也用大炮，威力却是远胜之。《金史》说金朝的炮弹，或用石硇磨或以石碾压。金朝守城，每城一角都置炮百余支。若遇战事，炮弹输送，更递下上，昼夜不息，没多久，双方射出的炮弹几乎要跟城一样高了。为了抵挡蒙古的炮轰，金朝的城墙壁面，多拆大木为之，只是合抱之木，往往随击而碎，于是又以马粪麦秸涂抹，加上钢索床垫、毯子等物，巩固绑紧。另外又悬风板，或以牛皮作为防卫屏障。这些材料，或许有保护的作用，却都是易燃物，怕火，于是蒙古兵以火炮击之，击中后，随即燃烧，不可扑救。

另外，又根据《高丽史》《止浦集》等记载，蒙古可能早在窝阔台汗时期，第一次西征高丽之时，在进攻龟州城，也有用过类似回回炮的武器。忽必烈继位之后，高丽战争仍在持续，回回炮也开始正式投入战场。

消灭南宋，先取襄樊的战略，虽然忽必烈准备充分，但还是遭遇顽强的抵抗。蒙古军早有使用火炮或石炮，不过南宋经过多年与北方的决战，也不全是虚度光阴浪费时间。主动进攻，打或许是打不赢，积极防守，对于抵御炮车等进攻方式，也有了许多心得。年代稍早的陈规的《守城录》，就有许多相关的防御记载，例如对方攻城，如果用云梯，蚁附登城，我们则要在墙头上留出空间，形状类如"品"字。又有排叉木，又有羊马墙，重重限隔，则云梯虽多，无足畏也。

陈规又说，对方攻城，使用大炮，有重百斤以上者。我们如果还是用旧制楼橹，必定完蛋，会被轻易摧毁。今天守城，不用楼子，则大炮无所用途。所以城身与女头墙都必须厚实，城外炮弹轰来，力大则自城头上过，打不中我们。守墙军兵，则人靠墙坐立，炮弹虽强，打不中人，也没有作用；炮弹力小者，则为墙所隔。而护门墙，只于城门十步内，横筑高厚墙。此外，也要设立鹊台，高二丈。墙在鹊台上，高一丈三尺，脚厚八尺，上收三尺，两头遮过门三二丈，是用来遮隔冲突。城门之启闭，外不得知；就算对方突袭攻入墙内，城上炮石雨下，两边羊马墙内也可以夹击，让对方进退不得，左右为难。

此外，城里亦用大炮，与之相对施放，你来我往，兼用远炮，可及三百五十步外者，用来专门进攻主要目标。守城时，城内放炮，城上人员，负责照料角度等偏正远近，因身处视野要角，要小心会成为敌方进攻的优先选择。万一敌方的炮弹，只攻女头墙，我们就要在女头墙里栽埋排叉木，也可以用大绳实编，有点像是篱笆，里面用斜木柱等插牢，如此一来，炮石虽多，亦难击坏。如果此法确实可以抵挡对方炮攻的威力，限于质量或是技术，火炮不能造成太大伤害，天桥、对楼、鹅车、幔道之类，也可比照办理，用这个方法巩固安全。时时注意炮击的方向，及时修理城墙设施，对方弹药总有尽，只要能坚持下去，则人心稍稳，城无可破之理。

最重要的是，众所解知，攻守利器，皆莫如炮。进攻方，得用炮之术，则城无不拔；守城者，得用炮之术，也可以制敌。所以我们也要有守城之炮，切记不可安置在城上，只于城里考量远近安顿。每炮于城，则安排一人，专门照斜直远近，负责视野方位，令炮手定放。安放位置极为重要，不可忽略，小偏则移动炮脚，太偏则移动炮架。太远则减拽炮人，太近则添拽炮人，一定要仔细思考，想清楚才好。

最后，陈规《守城录》认为，欲摧毁攻具，仍旧得用大炮，若是想击中对方运输或是支援部队之类，就得用远炮。炮不厌多，若能善用炮术之法，则城可坚守。对于火炮制造，以及炮架精巧处，将领务必熟悉其构造与原理，而守城工匠，更是务必要随时增减，注意新技术。

也因为南宋襄阳、樊城的防御工事，既有能干的指挥者。经过多年的经营，不论是防守的阵势、工事设备的质量，或是部队的训练、城内的粮食支持等等，都颇为到位。一时间，蒙古军队也占不到太大便宜。忽必烈明白这个状况，既然现有的火炮，对方了然于心，我方未必有优势。忽必烈就盘算着，该如何加强火炮威力，调整现在的器材，或改良，或重铸，或修改，重新再投入攻城战事。《元史》就说，至元八年（1271），术业有专攻，忽必烈要求宗王阿不哥提供专业人才协助，于是阿老瓦丁、亦思马应诏，携家带眷，驰驿京师，忽必烈提供经费，科研奖金优渥，又给以官舍。二人首造大炮，竖干五门，忽必烈试用之后，对于威力、调整能力等成果颇为满意，赏赐甚丰，开始正式生产制作，回回炮于焉诞生。

回回炮投入战事之后，确实效果很好。《元史》记载，在至元十年（1273）左右，蒙古军队攻襄阳未下，蒙古将军观察地势，置炮于城东南隅，回回炮重达一百五十斤，炮弹发射，声震天地，果然也威力无穷，所击无不摧陷，入地七尺。

火炮的改善，加上更多方面的原因，终于，樊城失守，防不住了。

下一步，蒙古大军以及他们的回回炮，虎视眈眈，直面襄阳城。

大致上来看，我们可以说，回回炮是在传统攻城炮具（抛石器）的基础上，经过调整加强之后，蒙古元军攻城略地的神兵利器。胡风雨《回回炮在宋元襄樊之战的应用及对后世的影响》中指出：回回炮去掉了抛射杆末端繁多的拽绳，改在杆的末端悬垂重物。这种改强，就可以让回回炮在发射时，将抛射杆前段压下用扣发装置锁住，并且制作者又在前段的皮兜中，利用杠杆原理，放置石弹后，把扣发装置打开。于是重物下坠，前段就顺势举起，皮兜中的石弹，在离心力作用之下，能将炮药飞射出去，直奔敌处。

胡风雨又认为，改进后的新式抛石器，也就是回回炮，特色是射程既远，威力又大，相较于以前的武器，命中率也提高许多，对于进攻方来说，效率提升，省时省力，大大提高了侵略的能力。

更重要的是，回回炮的操作者——诸如指挥兵、炮弹兵等等——人数不必太多。因为回回炮改用悬垂重物，只需在前端，根据作战状况，配置数人，最多几十个人，回回炮的后方，也是数人即可，负责控制发射，便可以投入战场，立即发挥威力。按照以往的方式，所需人数甚多，往往超过十几个人，不但耗费人力，因为目标较大，也容易变成对方攻击的主要消灭对象。

另外，则是炮弹的重要性。改良以前的抛石机，承受的炮弹重量不一而定。如前面所引《金史》，龙德宫造炮石，取宋太湖、灵璧的假山为之，小大各有斤重。一般来说，炮弹较小，射程虽远，但威力还是小；反之，炮弹较重，杀伤力惊人，可是射程小，也容易操作失误，人员补给，折损率也较高。回回炮的改良调整，大幅缩减人力，不用全靠人力拉拽来击发射出，所以威力比较强，射程也更远。

也因为忽必烈得到专业人才的协助，加上襄阳城、樊城处于守势，蒙古方愈来愈强，南宋方愈来愈乱，更显不利。郑思肖《心史》就说，回回炮的攻击力非同凡响，回回炮法出自伊尔汗国，凶猛异常，远超过其他炮车。如果轰中巨树，立即崩塌，土石之墙往往也是如此。回回炮，大可数尺，坠地陷三四尺，如果要击远，则退后增重发射；要击近，则反过来迫前。由郑思肖所述，知道回回炮是可以调整攻击角度以及远近的，所以既可以直射城墙，也可以拉高放远，越过城墙，攻击南宋军队，又或是选择城内的建筑目标等等。攻击方式，颇为多样，也丰富。

回回炮的威力，实在太难抵御。或许也是吕文焕终究选择投降，考虑再三之后的原因之一。

关于回回炮，值得再细说。中国传统军事武器，其实也有抛石机，但与忽必烈的改造加强颇有不同。张剑兵《中国古代抛石机研究》便指出，所谓的抛石机，就是远攻的军备武器。运用木制机械装置，靠使杠杆原理，由弹力抛投石弹，或者是火药之类来攻击敌方，威力范围远较，比一般矛戟刀箭等武器大上许多。

前面说过，抛石机又名"磁""袍""投机""发石车""拍""抛车"等等，在《左传》《墨子》中已有相关记载。抛石机的历史，到了唐代，有了一定的规模形状以及制度。因为制造标准与尺寸逐渐成型，所以炮弹的大小与外观，同样也渐渐固定下来。在唐代，抛石机可以说是军队中常见的武器，已经是标准配备了。

不过，传统抛石机的构造原理，都是拽索式。根据张剑兵的研究，所谓的"拽索式"就是在抛竿的一端，填装炮弹之后，另端根据炮弹的重量，搭配足够的人手，以及绳索等配备。在攻击时，来拉拽炮弹的相关方法。步骤大概如下，先装好炮弹，拽索炮手猛力拉起绳索，然后将抛竿竖起，抛竿与横杆互相撞击之后，因为离心力作用，炮弹就会被弹出。传统抛石机的缺点，如前所言，所需人力甚多，体积也大，较为笨重，容易成为击火目标，而且炮弹重量不能太沉，所以射程往往也不能太远，也就大大削弱了抛石机的威力。

宋元之际，抛石机的发展，更是大有进步。回回炮的出现，使得抛石机的杀伤力更强了。回回炮的不同，就是抛竿一端的拽索，改为配重体。配重体是由绞盘装置，或者是其他的类似器具，在攻击时，先用绞盘将配重体升起，装填炮弹之后，松动绞盘，配重体就会下坠。因为杠杆原理，炮弹会被猛力弹起，于是抛竿在张力之下，由横立变成垂直，与架抛竿的横木撞击，产生惯性，炮弹便可射出。也因为这种控制方式，可以调整射程远近，弹药的重量，也借此提升。前面提到，回回炮不用全靠人力拉拽来击发射出，配重式技术的改变，影响颇大，除了炮兵人数减少，人员精简之外，也突破了依靠人力拽拉，所会受到的限制，提高了抛石机射程以及炮弹的重量。

张剑兵《中国古代抛石机研究》曾做过表格，探讨宋元抛石机的技术分析，深入浅出，清楚易懂。我们把表略做修改，征引如下：

名称	类型	根据资料:《武经总要》前集	定放人数	拽手人数	抛射物性质	抛射物重量（公斤）	射程（米）
单梢炮	矩形机架杠杆抛石机，单梢	卷二，十二页	1	40	石弹	1.2	80
双梢炮	矩形机架杠杆抛石机，双梢	卷十二，四十四页	1	100	石弹，火药弹	12	120
五梢炮	矩形机架杠杆抛石机，五梢	卷十二，四十六页	2	150	石弹	45	80
七梢炮	矩形机架杠杆抛石机，七梢	卷十二，四十八页	2	250	石弹	57	80
旋风炮	固定的独柱杠杆抛石机	卷十二，五十页	1	50	石弹	2	80
手炮	手持杠杆抛石机	卷十二，五十页		2	石弹		
虎蹲炮	三角形机架杠杆抛石机	卷十二，五十二、五十三页	1	70	石弹	7.3	80
火炮	矩形机架的抛射火药弹石机	卷十二，五十六页			火药弹		
回回炮	配重式杠杆抛石机				石弹	约100	约300

从上述表格便可见到，不论是射程，还是抛射物重量，回回炮都占有

优势。不过，南宋对于回回炮，也想方设法破解。《宋史》记载，咸淳九年（1273），宋廷下诏，希望得破炮之策，有人提出"护陴篱索"，方法大概如下：首先用稻穰草捆成坚索，条围四寸，长三十四尺，每二十条为束。又分别以麻索系住一头于楼的后柱，搭过楼门，然后下垂至地，枕梁垂四层，或者是五层，周围包庇住楼屋，并且涂以泥浆，希望藉此能让火箭火炮难以攻破，失去作用。发明者认为最大的优点是轻便，制作的经费也不用太高。可是当时军纪不振，制度虽详，规范尺寸等，如今记载看来都很详密，实行度如何、成效如何，也就难说了。

二、蒙古水军之兴

萧启庆在《蒙元水军之兴起与蒙宋战争》中曾分析，蒙古水军的兴起，在中国历史上有两大意义。第一，从政治与军事史来看，蒙古凭借水军的力量，征服南宋，成为克服江淮天堑而统治中国的游牧民族王朝；第二，从中国海权史的角度，蒙古与南宋征战四十年，逐渐建立强大的水军，承继南宋的海权，并发扬光大，也为明代作为中国海权史的巅峰，有了预备的工作阶段。

当然，蒙古水军的起源与成长，并非一蹴可及，也不是一朝一夕可成。从无到有，从弱到强，从低到高，经过了许多失败的尝试。与其他游牧民族类似，蒙古逐水草而居，渡水则束薪为筏，或以皮革、羊皮捆绑为舟等等，而对于水运、水力、水军的理解与建造，则非常粗糙简略。铁木真（成吉思汗）崛起之后，仍是如此，他与王罕、札木合同盟，进攻蔑而乞等人，不过，当时所谓的"水军"，就是由猪鬃草结成的筏船而已。

在此之后，不论是窝阔台还是拖雷，在白坡与均州，与金军或者是其他国家作战，所谓的渡河或水攻等等，都是"策马涉河""乘骑浮渡汉水"而已。蒙古出征花剌子模，哲别与速别台追逐札阑丁，要通过阿姆河时，还是由牛皮裹住树枝，把军服配备等藏在里头，手握马尾，游泳渡河。

蒙古灭金之后，与南宋开战，蒙宋战争的初期，在严格意义上，不论是建制、军备、训练等等，蒙古仍没有常备水军。需要渡河，不过使用简易工具，能通过便可。虽然也有战船，各方面显然都不能与南宋匹敌。

从蒙哥开始，特别是忽必烈以后，蒙古开始大力发展水军。相较于早期，多以劫掠战船，收为己用，例如艨艟、战舰、粮船、民船，不管是作战使用，或是当作后勤补给，几乎都是在与敌方交战获胜后，得到的战利品。蒙哥统治时期，已经有水军，也开始建造船舰，与南宋的征战，更是有胜有负。例如纽璘，他是孛罗带的孙子，都元帅太答儿之子。蒙哥进攻四川，纽璘接到蒙哥的命令，与拜延八都鲁、刘黑马等人，率兵攻向成都。纽璘以降将张威为先锋，水陆并进，水军部分，号称战船两百艘，经简州，沿内江，架桥渡军，分兵两路而进。纽璘进军，抵达涪州，造浮桥，在桥的南北两端分别扎营驻军，并且封锁重庆江面，断绝宋朝援军，后来甚至还打败了吕文德。

忽必烈即位之后，深知水军的重要性，监督御史王恽还有《论大作水军事状》，大概是说，征进舟师极为重要。他建议忽必烈，应该单独成立水军，招募两淮黄河上下等人，加上南宋归顺投降者，齐心同力，训练部队。

而制造船舰可如宋法，又精选大将，使军兵专习水战，建以龙骧楼船。之后南征便可以水陆并进，这个方法古已有之，例如汉武发会稽欧闽之，内则疏浚太液池，造为轻舟，命令武卫军不时练习。又例如同样是武帝，欲通西域而凿昆明池。三国时的曹操，准备南征荆吴，也是开凿西湖。上述诸人，在王恽看来，都是历史上此类做法的明证。

值得注意的是，蒙古还有所谓"二面或三面夹击"的战法，以水陆并进的方式，为作战时的总纲领。

三面夹击的水战战法，根据李天鸣的《宋元战史》所说，在陆地方面，蒙古军自然是持续发挥本身的优势，骑兵的行动力、高效率，或弓或箭的远近战能力，向来是蒙古的强项。而水陆协同，二面或三面夹击的军事战法，就是在蒙古的规划策略中，正面是由水军的战舰舟船迎战南宋。决战之地，最好选在附近有山，而非一望无际的河流或海水，因此岸上的军队，可以使用弩弓火箭，甚至火炮，协同正面的水军部队，互相配合，攻击敌方。

另外，对方部队若要上岸反打，此时蒙古骑兵出马，用快速、冲突，或是游击、迂回包抄的方式，干扰对方，掩护本身的弓弩大炮兵团。

这种方式，曾让南宋吃了许多亏，有了几次交战经历之后，南宋军也有了经验，不在淮河北面布防，不给对方有水陆夹击的机会，而是诱敌深入，从山到岸，逐渐远离江边，进入河面中心。既没有山，也没有岸，大炮弩箭，射程不足，已无太大威胁，如此变成了两军水军的对决，备配、兵力、战略、适应状况成了关键，不过蒙古水军实力终究不及南宋，真的硬打，还是自己吃亏。也因为南宋掌握了河道的控制权，再加上许多城池修筑得法，一时之间，不论是蒙哥还是忽必烈，都占不了太大便宜。所以，三面夹击的水战战法当然是好的，可是真正的问题，还是在于水军的质量与能力。忽必烈知道刘整投降的信息，大喜过望，其因也在此。

刘整的加入，让忽必烈的水军计划更为完整。《新元史》记载刘整对阿术说：我们蒙古精兵突骑，所向披靡，所当者破，只是水战不如南宋。我们现在要做的事情，夺彼所长，造战舰，习水军，大事必可成。至元七年（1270），为了更进一步取得襄樊之地，刘整更是得到忽必烈的同意与支持，筑实心台于汉水中流，上置弩炮，下为石囤，以控制南宋战船舟舰的出入河道。还打造精良船舰、训练水师，造船五十艘，日练水军，就算下雨不能操练，也在室内进行模拟演练，最后得战士七万。蒙古水军至此也才有与南宋决战的能力与实力，可见忽必烈确实知人善任。

蒙古至元八年，南宋咸淳七年（1271），蒙古军水军实力大增之后，在会丹滩与南宋军对战，同样又使用了三面夹击的水陆协同战法。会丹滩，地点在今天湖北省襄樊市东南处，《续资治通鉴》就记载，范文虎率领卫卒以及两淮舟师近十万人进军至鹿门。汉水涨潮，阿术趁机来攻，在汉水东西岸，分别摆出阵地，两面夹击，又命令一军，直击会丹滩，与范文虎前锋对阵，结果蒙古军队获胜，南宋又败。

关于刘整的故事，在前几章已经说过，就不再赘述了。

三、事后诸葛亮：战果的分析

在本章的最后一节，我们从事后的角度，对襄樊的战果做些分析。

首先，刘整建议忽必烈以襄阳、樊城为主，虽然有自己的私怨，如今看来，仍然是正确的选择。其实，与其这样说，还不如说是忽必烈让刘整按照自己的主张，充分授权，与阿术等密切合作，在战略上，实现了当初的规划。

例如在襄阳城东的白河口、鹿门山筑堡，切断襄樊与汉东地区的联系，刘整成功欺骗了吕文德，在某种程度上，刘整算是报了仇。忽必烈又派出史天泽，史天泽确实也有眼光，名不虚传，在万山等地，建立堡垒，切断襄阳南北的粮道，也让襄阳守军陷入一些困境。另外，新城的建筑也让襄樊二城的联络更为困难，更不必说新城建立之后，蒙古军屡屡用此据点，切断汉水西方的交通线路命脉。

在至元五年（1268），忽必烈命令刘整为镇国上将军、都元帅。这个升迁，显然已经是进攻的信号了。果不其然，该年九月，刘整就偕同都元帅阿术督诸军进围襄阳，又率兵五万，袭击沿江诸郡，俘获宋民八万。至元六年（1269）刘整就抓到了南宋都统唐永坚。

南宋方面，咸淳五年（1269），吕文焕已经代替程大元，成为襄阳的守将。可是南宋援军出发帮助襄樊，却是几年后的事情。南宋因为内部问题，反应迟钝，贾似道虽然权势熏天，显然也没注意到这个警讯，又或者是政敌多方掣肘，持续内斗，导致救援情况绑手绑脚，号令难行。而军方内部派系问题，对吕文德、吕文焕等"吕家班"的轻视与不信任，都是南宋行动颟顸、慢上很多拍的原因。

即便如此，在千难万难之中，吕文焕还是盼来了援军。咸淳八年（1272），总算有了些好消息，京湖制置大使李庭芝派出张顺、张贵兄弟，率领部队，支援襄樊，他们辛苦备尝。张顺战死，张贵终于成功突破蒙古重重封锁。张贵的到来，不只是精神上的鼓舞，还有兵力的补充，更重要的是带了许多物资。稍后，"吕家班"的范文虎，也从郢州赶来，希望也能帮到襄阳，吕文焕听到消息，计划里应外合，范文虎冲进来，张贵出城支援。不过想法虽好，现实却很残酷，最后还是以失败告终。

从类似的行动中，我们可以看出，彼此接战地点，大多集中在汉水沿岸，又以水师为主。偏偏这些地点，蒙古军早有防备，回回炮、船舰、马骑、弓兵、堡垒、山寨、三面夹击的水战战法等等，早就安排妥当，南宋援军有冲劲热血，蒙古军同样也有决心，士气更高昂，不可忽视。相较之下，南宋确实占不到便宜，没有太大优势。

至于守城大将吕文焕，最后虽然投降，如果就"非我族类，其心必异"的史观来看，又或者是从宋朝的国族大义来说，吕文焕投降，甚至后来的招降行为，当然是不忠不孝、于国有亏的，文天祥的痛骂，从这个角度来看，也是没错。可是，事情确实又如忽必烈、阿里海牙等人所说，吕文焕已经尽力，无碍尽忠，他已经尽心，同样没有对不起南宋朝廷，吕文焕求生，也是可以体谅理解的。

其实，当襄樊之战开始，吕文德还在世时，曾对防守信心满满，认为襄阳城池坚深，兵粮储存足以供应十年。吕文德认为，如果"吕家班"坚守，刘整就算妄作动兵，挑衅南宋，终究徒然无功。来年春水至，我们顺流而往，蒙古必败，刘整必逃。

吕文德的信心，是有来由的。襄阳、樊城的防御修筑，确实很牢固，他把刘整斗走，在人际处理上，刘整确实也是手下败将。所以当刘整利诱，要求设榷场时，吕文德虽有犹豫，衡量之下，还是答应了。

再从结果论来看，吕文焕的守城方法与策略，包括出城与蒙古大军争夺粮道、要地、山脉河川控制权等等，几乎都以失败告终。相较于吕文德被动的防守，觉得襄阳守势极优，吕文焕便积极许多，观察刘整的行动，警告吕文德，是其一；吕文德死后，吕文焕坐镇襄阳，多次派兵出击，是其二。另一方面，朝中对吕文焕多有不满，政敌对贾似道的攻击，导致也常针对吕文焕。吕文焕在前线坚守，后方却总想把吕文焕换掉。吕文焕的不满与心理压力，却也让他更坚忍不拔毫不气馁，愈守愈勇，这是我们对吕文焕应该称赞敬佩的地方。

不过，吕文焕也有短视近利的时候，因为个人利益攸关，以及欲望处理的问题。吕文焕听到传闻，高达可能要代替他时，他竟然听从幕僚的建议，谎报军情，也导致南宋情报错误、反应迟钝、援军缓慢、姗姗来迟的问题。当然，事情也可以这样看，反过来说，如果南宋朝廷因为吕文焕谎报军情，便产生错误判断，那就说明这个国家机器，因为内斗等问题已经接近失灵。

南宋这台失速列车，看来是已经刹不住，直冲向悬崖，自取灭亡了。

　　由此也见到，南宋当时的人事问题，内部贾似道集团把持朝政，是主因。而不管是文臣还是武将，得上高位，进入核心，是政坛上人人梦寐以求的事情。根据方震华《军务与儒业的矛盾——衡山赵氏与晚宋统兵文官家族》的研究，若是以争取权力的角度而言，在军政上，南宋统兵文臣比一般文官基本上有更多的表现机会，出将入相，执掌大权，军功基本上是他们的晋阶之道，就算不能当上丞相，也可以一路向上爬，舒舒服服地当个位高权重的大官。例如武人赵方曾向刘清之请教"相业"，可见他所关心的不限于军事事务，而是进入权力中心。他作为边帅，想要立功，寻求入朝主政的心态，跃然可见。又例如宋理宗时期，史嵩之、赵葵、贾似道，先后以军功升任丞相，陈韡也曾努力，汲汲营营于相位，最后虽未达成，也担任了参知政事。

　　这样的问题是，企盼以军功入相，所以边帅往往卷入朝廷的人事斗争，彼此之间也互不相让，或互相轻视，或彼此敌视，水火不容，不能真诚地合作，赵氏兄弟与其他边帅间的斗争就是最好的例子。内斗内行，这种情况，让南宋付出了惨重的代价，也损害了这些官员的声望，即使他们力求表现，仍无法得到太多的认同。吕文德、吕文焕，甚至是"吕家班"，与贾似道的关系，也可以从这个层面来理解。

　　再回到吕文焕，吕文焕谎报军情，不代表襄阳、樊城与外界完全失去联系。围城期间，依旧不少将士奋勇突进，或出城，或入城，藉此传达更多内外信息。例如张贵、唐全、张兴祖、吴信、周旺等等，《宋史》就说唐全、张兴祖等人，藏蜡书，入襄阳，往复甚艰。蜡书，又称蜡信，古代时为书信保密，封存在蜡丸之中。而枢密院言吴信、周旺，同样也是持蜡书入襄城，辛苦冲锋，受了不少伤，方才成功。

在樊城守将的方面，如前所言，因为襄阳与樊城隔着汉水相望，唇齿相依，若能互相呼应，防守能力效果，往往能加倍。《元史》就记载，蒙古将领史权、阿里海牙与刘整，都认为襄阳城与樊城唇齿相依，若要先取其一，则樊城为先。

而樊城攻防战的死伤惨状程度，守将诸如牛富、张汉英、王福、徐麟、王祀等等，从城外打进城内，从墙头斗到巷战，死伤不可计。南宋官兵，竭力费力，渴了饮血水，或身受重伤也不愿受辱，最后自杀身亡，或者身死沙场，魂归异处，远比襄阳城更激烈。

关于襄阳樊城的援救情况，除了政府军队之外，还有民间自发性的兵团，就是民兵。刘子健在《中国转向内在——两宋之际的文化内向》便指出，南宋的立国命脉，就在两淮、荆湖、四川等地区，驻有重兵防守，同时还组织民兵、强化城墙与山水寨等，即所谓的"前卫""联卫""边卫"等等。南宋的民兵武器，当然不会只有官方号召而已，地方豪杰、大族等等，或保家卫国，或保护乡里，或是维护自身利益，往往也组成兵团，加强武力训练，抗敌御暴。

民兵的重要性，我们可以在南宋端平三年（1236）发生的事情中看得很清楚。根据周密《齐东野语》记载，端平入洛，赵范兵败之后，朝廷命赵范为龙图阁学士，并依旧掌管府事、节制两淮巡边军马。宠任亲信依旧，理由是赵范在荆襄任事许久，熟悉地理人事，在地方上颇有信望。或许也因为如此，赵范过于自信，觉得就算北伐不成，防守绝无问题。结果自我感觉过度良好，宠用亲信，亲信又接着乱搞，荆襄一带，秩序混乱，民讼、边备逐渐废弛，自己人看自己人不满，互相倾轧陷害。许多比较清醒的幕府人员，虽不作恶，也不阻止别人干，虽不贪污，也不阻止别人拿。袖手旁观，明哲保身而已。结果，许多投降宋军的降军，得不到赵范的信任，又时时被怀疑，赵范觉得他们会出卖南宋，他们觉得赵范会牺牲自己。上下交相骗，屡有互斗，互看不爽。例如杨侐与郭胜，彼此不和，彼此猜忌，互相告状；又例如王旻招收的许多降军，特别是所谓的"克敌军"遭受到许多不平等的对待，心有不满。

此时，李虎是朝廷遣镇江都统，军队号称"无敌军"，进驻襄阳府，协助南宋军，北防蒙古。偏偏"无敌军"与"克敌军"互看不顺眼，矛盾丛生，水火难容。

结果双方还是开打了，一时间箭雨交加，刀刃齐上，自己人打自己人，自己人杀自己人，襄阳内乱，敌我难分，城中百姓也因为军队烧杀掳掠，家破人亡，或逃或死，哀号遍地。

襄阳就此失守，蒙古军当然不会客气，趁机占据，不过只是劫掠，并没有打算久居。

此时襄阳城内，既有兵变作乱的南宋叛军，也有趁机占便宜的蒙古军，极为混乱。地方土豪刘廷美出场，他组织民兵团建训练，一概不缺。他原本归附蒙古，后来与南宋军联系，里应外合，希望能合作。刘廷美保卫自己的老家财产，南宋军则是重新夺回襄阳。

前面提到的张顺、张贵，也是民兵出身。咸淳八年（1272），京湖制置大使李庭芝，派出张顺、张贵兄弟，率领部队，直向襄樊，支援吕文焕。《宋史纪事本末》有专卷《蒙古陷襄阳》，就说李庭芝曾出重赏，招募死士，得襄、郢山西民兵，骁悍善战者三千人。兵卒有了，李庭芝又求将，得民兵部辖张顺、张贵，两人都有智勇，素为诸将所服，李庭芝命为都统，号张贵曰"矮张"，张顺曰"竹园张"。

由此可见，不论是运输补给，还是救援行动，或是事后的图谋恢复，民兵都是南宋防卫战中颇为重要的环节。

最后，襄阳城与樊城都已失陷为蒙古所有，双方又僵持争夺，互不相让，达三十余年。如今南宋节节撤退，败象显露。南宋朝廷听到噩耗，宋度宗说襄阳多年苦守，如今沦陷，落入蒙古人之手，军民离散，痛彻人心。贾似道则是听到消息的当下，头昏目眩，痛不欲生，一时间不敢相信，也不愿接受事实。

本来，南宋防卫线的铁三角，李庭芝、夏贵分守淮东、西，吕文德、吕文焕负责襄、汉、川蜀以及相关沿江据点。在原本的计划中，三者互相支援，彼此呼应，水帮鱼，鱼帮水。如今塌了一边，还是中间直接被突破，南宋损失绝对是极大的。

更值得注意的，我们之前不断提到的蒙古水军，在襄樊之战中，有着重要的地位。

相对来说，南方地理的特色虽然山区面积较大，但河流江川也多，冲积平原错落其间，河谷与平原、丘陵、台地，或疏或密，或大或小，或高或低形成了交通网络。所以南方平原，并不是被山地阻挡，而是山地被平原相关的交通线切割。刘整一再强调襄樊的重要性，其因也在于此。

多年以来，随着蒙古水军的进步调整，南宋原有的地理优势，可说是两国已经共享了。

在此之后，蒙古大军依旧进逼，紧咬着南宋不放。襄樊沦陷，南宋防守，用游戏常见的流行语来说，南宋可以说是被"破防"了。也因为双方的决战之地，多在长江，水军的重要性更胜从前。忽必烈深知此点，他又接受刘整的建议，把水军的装备、素质、训练、数量、能力，再度升级了。《元史》说刘整入朝，跟忽必烈报告，说襄阳已破，吕文焕投降，南宋大势已去，我们乘胜追击，攻陷临安是迟早的事。若将所练水军乘胜长驱，长江必非南宋所有。忽必烈同意，命令刘整改行淮西枢密院事，驻军正阳，沿淮而建城，南逼长江，切断南宋东西要冲路线。蒙古在兴元金州、洋州、襄阳等地，造船两三千艘，又在汴梁造战船八百艘。

元朝至元十一年，南宋咸淳十年（1274），忽必烈为消灭南宋，再做准备，改荆湖、淮西二行枢密院为二行中书省，任命伯颜、史天泽并为左丞相，阿尤为平章政事，阿里海牙为右丞，吕文焕为参知政事，行中书省于荆湖；合答为左丞相，刘整为左丞，塔出、董文炳为参知政事，行中书省于淮西。

忽必烈与大臣讨论南下大事，如今襄樊已得，下一步该如何做？大概要多少兵力？阿里海牙说，荆襄自古都是用武之地，汉水上流已为我有，我们顺流而下，长驱直入，南宋必可平定。阿尤接着说，臣略地江淮多年，南宋兵力，弱于往昔，国势也是更加不振，我们应该把握机会，趁他病，要他命。反之，当断不断，反受其乱。

忽必烈又问他最信赖的人史天泽的意见。史天泽回答，南宋或许是强弩之末，可是烂船也有三分钉，不可轻忽。国之大事，我们不要掉以轻心，太过轻敌，还是要派重臣，例如安童、伯颜，都督诸军，稳扎稳打，一步一脚印，慢慢来，比较快。

伯颜是谁呢？伯颜，出身于八邻部，曾祖父失儿古额是成吉思汗帐下千户长，祖父阿剌黑也曾任千户长兼断事官。父亲晓古台，随旭烈兀西征西亚，伯颜即是在伊儿汗国生长，信奉景教。忽必烈即位之后旭烈兀派遣伯颜出使大都，伯颜入朝之后，忽必烈很欣赏他，就把他留了下来，伯颜又娶了宰相安童之妹。蒙古至元二年（1265），忽必烈任命其为光禄大夫中书左丞相。

忽必烈打算派出伯颜与史天泽，阿术与阿里海牙又建议，我师南征，必分为三，旧军现有人数明显不足，非益兵十万不可。

忽必烈同意了，下诏中书省签军十万人。命令伯颜、史天泽、阿术率领大队人马，从汉水渡长江，又在四川与两淮发动战事，牵制地方将领救援南宋首都。

南宋的存亡之战，愈来愈接近尾声。在南宋朝廷方面，贾似道当政，作威作福的时间已经不会很久了。

第六章

◎

时也命也？众人无力可回天

一、这边粮饷断炊，那边歌舞升平

也不知道是吕文焕虚报战功，过度逼真，还是南宋国家机器的情报网失灵已久，或者贾似道根本不在意，没有远见；也或许是贾似道过度信任自己人，被他手下人欺瞒、被骗已久，以至于搞不清楚真正的现况。西谚说得好，上帝要使人灭亡，先让他疯狂。国家也是如此，可以看出南宋已经失序，非常混乱，政务实行上也是多头马车，言人人殊。

不管如何，襄阳城与樊城，这么重要的地方，南宋政府竟然没有太在意。《宋史》说襄阳围城已急，贾似道却日坐葛岭，起楼阁亭榭，又以宫人娼尼有美色者为妾，夜夜笙歌，饮酒作乐。与亲信好友、手下部属、走狗走猫，徒日至纵博，无敢窥其房第，没人敢检举他，大家都装作没看到，不敢得罪贾似道。

葛岭是什么地方呢？葛岭是浙江杭州西湖北侧的小山，高一两百米，山岩是由流纹岩组成，多呈暗红色。地点甚佳，视野很好，南面西湖，东方又是宝石山，西北边则是栖霞岭。贾似道的豪宅，就盖在葛岭上，一直延伸到西湖。当时许多朝廷大事，贾似道都是在豪宅里办公处理的。

元朝至元十一年，南宋咸淳十年（1274），宋度宗驾崩，根据《东方见闻录》的说法，年仅二十岁的马可·波罗在大都见到了元世祖忽必烈。宋度宗驾崩，元军已攻占鄂州，南宋政权岌岌可危。舆论要求贾似道亲征出战，贾似道当然不愿意，但国事危急如此，箭在弦上，容不得贾似道拒绝了。贾似道虽然上阵，但他只想求和。他通过管道，传信息给元征宋总帅伯颜，要割地，要赔款，要自称儿子侄子啥的，都没问题，只希望能停战。伯颜拒绝，还大骂了贾似道一顿。

《元史》就说丁家洲之战，贾似道在芜湖拥有重兵，与元朝军队抗衡，他要求宋京前往蒙古军帐，打算和谈。贾似道应该是想复制鄂州之战的模式，依样画葫芦，不管付出多少代价，能拖就拖，保住自己的官位，也暂且保住南宋的政权。伯颜接到信息，回答说我朝大军在未渡江之前，你们要入贡议和，还说得过去。如今情势，沿江诸郡皆已归属于我们，你才打算来谈，活该被骂。总之，要谈可以，你贾似道亲自过来再说。

元军显然不愿意跟他多耗时间，军队浩浩荡荡，前往丁家洲，对决南宋前锋孙虎臣，准备开打。夏贵又以战舰二千五百艘，横亘在长江中，贾似道率兵殿后，随时支援。蒙古大军，显然又使用了三面夹击的水陆战法，老套老梗，屡用不衰，自从蒙古水军加强，回回炮出现之后，南宋军总是拿这招没办法。

　　阿尤方面，则是派出骑兵，夹岸而进，也早在河边架起大炮，击其中路。当南宋军队阵势移动，阿尤勇猛当先，挺身登舟，手自持柁，杀入敌阵，左冲右突，几乎无人可挡，蒙古诸军相继并进，士气大振。反过来，南宋军号令不明，秩序混乱，武器装备又比不上别人，大败而逃。

　　隔年，宋咸淳十一年（1275），贾似道在鲁港迎战，宋军几乎是不战自溃。贾似道听说前线不利，几乎是立马开溜。史书上称为"丁家洲之战"，其实也没啥战，宋军、贾似道都只是跑而已。最后，朝廷究责，虽然很多人主张要处死贾似道，以谢天下，朝廷终究没有下手，先是贬为高州团练副使，朝野舆论都不满意，最后才又流放到循州。不过，众人并没有打算放过贾似道，接下来他在龙溪县木棉庵的故事，我们在第二章已经说过了。

　　宋朝诗人释文珦，作有《过贾似道葛岭旧居》，专门讽刺恶骂贾似道，全诗如下：

> 顺逆人兽心，成败翻覆手。鬼神不相容，子孙岂能守。
>
> 昔者过此门，歌钟会群丑。今者过此门，阒然已丰蔀。
>
> 羞死满院花，摧残数株柳。空室走鼪鼯，荒池长蝌蚪。
>
> 转眼即凄凉，况复百年后。积衅多自戕，盛德斯可久。
>
> 富贵如浮埃，于身境何有。为谢高明人，非义慎勿取。

　　在诗人看来，成也贾似道，败也贾似道。他的所作所为，鬼神不相容，自己身死，更是祸遗子孙。贾似道的豪宅，美轮美奂，豪华高档，昔日我们经过此处，歌舞楼台，达官贵人，美女，马屁精，求官的，想捞好处的，群丑皆在，满肚皮功名富贵，花开花落都看不见，忘了自己是谁。如今又过此处，寂静无人，荒废已久，水池长蝌蚪，庭院败柳残枝，象征主人的最后结局。

不过，贾似道想谈和，虽没有成功，其实就当时的情况来看，是有和谈的可能的，只是当时南宋行政军事等机制，实在太过混乱，没有秩序，信息根本无法正确传达，错失了机会。

事情经过是这样的。蒙古大军在伯颜的率领下，因为南宋中路防线大开，蒙古军势如破竹，渡过长江，又在四川与两淮作为牵制，大部队直指临安。丁家洲之战后，南宋情势更差。这个时候，蒙古大臣廉希宪上奏，他认为可以先试着与南宋谈判，看看情况。毕竟消灭南宋，或许容易，马上得天下，却不可以马上治天下。我们不妨先和谈，多得好处，等待时间，再取南宋，也可避免诸多无谓的事端。况且，当时主张灭宋的言论，反对者也不在少数，例如名儒许衡，他就明确表示伐宋之举，多为名公卿人、达官贵族贪图功劳，贩售攻取之略，用来谋取自己的利益罢了。谁真的为元朝着想？谁真的为百姓着想？如今之际，应该修德以致宾服，每天只想着打打杀杀，徒以力取，必戕害两国之生灵性命。就算真的打下来了，平定南宋，又能如何？这些人，口服心不服，日后造成的麻烦，只会更大更多。

忽必烈接受廉希宪的说法，认为蒙古大军已到，想来，南宋君臣早已闻风丧胆。我们若是主动遣使议和，要求岁币，他们也没条件讨价还价，别无他法，估计只能含泪同意。

于是，忽必烈要求伯颜暂时驻军，按兵不动，各守营垒，严禁侵掠。又命令礼部尚书廉希贤、侍郎严忠范、计议官宋德秀，以及秘书丞柴紫芝等人，前往南宋，讨论暂时停战的可能性。

不过，要前往南宋，必须经过独松关。独松关是临安西北关隘，位于今天浙江省安吉县南独松岭。独松关与幽岭关、百丈关，合称"独松三关"，是首都临安的重要屏障，抵抗北边的攻击与侵略。《水浒传》第一百一十五回《张顺魂捉方天定，宋江智取宁海军》也有提到独松关，神行太保戴宗就说："卢先锋自从去取独松关，那关两边都是高山，只中间一条路，山上盖着关所。关边有一株大树，可高数十余丈，望得诸处皆见。下面尽是丛丛杂杂松树。关上守把三员贼将，为首的唤作吴升，第二个是蒋印，第三个是卫亨。卢先锋上关点兵将时，孙新、顾大嫂活捉得原守关将吴升，李立、汤隆活捉得原守关将蒋印，时迁、白胜活捉得原守关将卫亨，将此三人都解付张招讨军前去了。"

南宋军的防守，独松关可以说是最后的关卡了。南宋政府再差劲、再不济事，必然也是重兵防守，严加保护。根据元代刘敏中《平宋录》所说，廉希贤等人明白状况，要求派兵保护他们，一同前往谈判。伯颜不同意，认为两军目前仍在战争之中。所谓的和谈，既没开始谈，更不会有和，贸然派出部队，只会加深对方的疑惧，别生嫌隙，妄开事端，和谈必定不成。更何况，又不是真的要打仗，能派出多少部队？若然对方真的心怀不轨，如何能自保？

廉希贤听不进去，反过来觉得，若不派兵保护，以目前两国的嫌隙，自己人身无法得到安全保证，既然不安全，和谈又怎么可能成功？

廉希贤坚持要求派兵，伯颜拗不过他，只能选精猛强壮者五百人，一路上保护诸位使者。廉希贤等人到了独松关，守关者为浙西安抚司参议官张濡，看到对方兵强马壮，人数虽然不多，也有好几百个人。不明所以，通通先杀了再说，眼不见为净，于是检点兵马，出关阻止，率众掩击。蒙古使者团措手不及，没料到对方直接冲出来，呼喊大砍，登时大乱阵脚，严忠范被杀，廉希贤被擒。争执途中，廉希贤受创，南宋抓住他之后，没多久就伤重不治，病死了。

按照常理，张濡人也杀了，场子也砸了，又擒住廉希贤，事后应该会明白对方的来意。可是南宋朝廷，竟然不知道此事，或许是张濡压住了消息，因为《元史》《宋史》都说，张濡还跟南宋政府邀功，得到肯定，统领广德军，又或者是张濡上奏之后，说了几分实话，反而让大众都不知所措。由此可见，南宋对于事前情报掌握，非常不靠谱、不确实。

事后，蒙古发出谴责，要南宋给个说明，南宋政府只好玩两面手法，一方面奖赏张濡，另一方面却放出消息，对蒙古说，杀使之事，我们事前真的不清楚，都是边将之罪，于法于理，应当诛之，我方愿输币，请罢兵通好。

伯颜见到这个局面，不愿再相信南宋政府的话，认为都是诡辞，都是借口。伯颜打算派人试试虚实真假，禀报上达后，决定正式答应南宋政府，让中书议事官张羽、淮西行院令史王章，还有徐王荣，回信给对方，说明事体缘由，要求对方道歉，拿出诚意。宣布元朝我方威德，要求南宋速速投降。

不料，结果出乎人意外，南宋的使者可以过来，元朝的使者却过不去。伯颜的使者手持国信，代表蒙古，到了平江府驿亭，尽数被擒，又惨遭杀害。

走到这个地步，想来也没有什么好谈的了。元末明初的陶宗仪，在《南村辍耕录》一书中，在谈到廉希贤的事情时，非常感叹。他认为南宋之亡，非有桀纣之恶，不过一开始拘留使者，引来战祸，此后一子错，全盘皆错，一步错，步步皆错，终于以误杀使者，刺激忽必烈，惹得他龙颜大怒。如果廉希贤不死，谈判顺利进行，则南宋之存亡，仍未可知。

清人赵翼也在《陔余丛考》中，非常惋惜这次的失败，也觉得南宋确实国势日衰，这么重要的事情，竟然处理得如此荒腔走板，荒唐又荒谬。他说樊城失陷、襄阳投降之后，忽必烈命伯颜大举南攻，既克鄂州，引兵东下。南宋方面，陈奕以黄州降，吕师夔以江州降，范文虎以安庆降，蒙古大军入建康，势如破竹，这时忽必烈犹命缓师，于是伯颜停兵建康，身自入朝，晋见忽必烈，力言可取之状。忽必烈本来答应伯颜，随即又派遣廉希贤、严忠范，先来告谕南宋。然廉希贤等人被杀，至此，兵事终于不可解，一发不可收拾了。如果忽必烈自鄂引还后，南宋随即把握机会，通和定约，严守信用，至死不渝，宋祚或许可多延长十年。不过南宋总是见异思迁，政策摇摆不定，自误误人，可怜了无辜大宋百姓。一念及此，国势外交终至颓唐不可收拾，唉，实在可惜啊！

二、最是仓皇辞庙日

元朝至元八年，南宋咸淳七年，世界史的公元 1271 年，马可·波罗踏上东行旅程，英格兰王国皇储爱德华一世，发起第九次十字军东征，格列戈里十世当选为教皇。

遥远东方的一条巨龙忽必烈，听取儒生刘秉忠建议，以《易经》"大哉乾元"的典故，国号立为"大元"，"大蒙古国"改成"大元大蒙古国"，首都为大都，正式建立元朝。

元朝至元十年（1273），南宋政府派出监察御史刘岊，奉表称臣，岁奉银绢二十五万，上大元皇帝尊号曰仁明神武皇帝。上表说自己（南宋皇帝宋度宗）年少无知，遭家多难。权臣贾似道又背盟误国，卑鄙无耻。这些事情发生在我即位之前，所以我都不是太清楚。及至大元主子，兴师问罪，千里迢迢，来惩罚我们，我们该死，我们错了，导致宗社阽危，生灵可念。希望大元皇帝垂怜，念在我的祖母太皇垂垂老矣，卧病数载，而我又茕茕在疚，生活孤独忧虑，非常凄惨。大宋臣子三百多人，都即将陷于困境。希望大元皇帝再给我们一次机会，曲赐裁处，特与存全，则赵氏子孙，世世有赖，不敢弭忘。

文中辞句，卑言好语，姿态极低，南宋希望"降藩"，不至于灭国，延续宋朝命脉。

元朝拒绝。

隔年，元朝至元十四年，南宋咸淳十年（1274），宋度宗因酒色过度而死，宋恭帝即位，他才2岁。

元朝至元十三年，南宋德祐二年、景炎元年（1276），元朝蒙古军队进入南宋首都临安，才5岁的宋恭帝被俘虏。南宋陆秀夫、文天祥和张世杰等人，往南逃去，陆续又立了宋端宗与宋幼主，延续南宋国祚。同年，忽必烈发布《归附安民诏》，诏谕江南一带军队百姓，希望能稳定江南社会秩序，安定江南士人和百姓之心。诏书大概是说，临安府以次新附府州司县、官吏士民、军卒诸色人等等，行中书省右丞相伯颜遣使来奏，南宋母后、幼主以及诸大臣百官，都于正月十八日，赍玺绶奉表，投降归附。我元朝皇帝忽必烈知道自古降主，必有朝觐之礼，已特别盼遣使者，特往迎致。如今原友官吏军民人等，各守职业，其勿妄行。我朝宽宏大量，大家不要担心，该吃吃喝喝的，照旧生活。

元朝至元十六年，南宋祥兴二年（1279），厓山海战，南宋军队再次失败，全军覆没，陆秀夫已经绝望，背上宋幼主，跳海自尽。南宋崩溃，正式灭亡，消失在历史上。

在这里，我们可以谈谈两个问题，一是济王赵竑，二是文天祥。

当元军逼近临安，赵竑的问题，又再次被逼出来。又或者是说，宋理宗时期，特别是史弥远死后，赵竑这个名字屡屡被提出。

赵竑是谁呢？赵竑，又叫赵均，改名为赵贵和，宋宁宗收为养子，宋宁宗决定立赵贵和为太子时，再把他的名字改为赵竑。

《宋史》曾分析宋光宗与宋宁宗的内禅关系，"独当事势之难"，却能够不失礼节，可以说是难能可贵了。又说宋宁宗继位初期，召用宿儒，引拔善类，一时之间，似乎颇有光明的未来，各种施政举措，烨然可观。其后韩侂胄用事，情势开始转变，韩侂胄内蓄群奸，甚至指正人为邪客，把正学说成伪学，指黑为白。又执意北伐，外挑强邻，频岁兵败，结果南宋被迫送出韩侂胄的人头，外交军事至此，有损国威，又耗费财政求和。事情到此结束了吗？不，韩侂胄走了，又来一个史弥远，继续擅权，窃弄威福。更夸张的是，史弥远乘机伺间，颠倒是非，对皇位继承问题上下插手，废赵竑，立赵昀，满足自己的权力欲望。南宋国政至此，江河日下，兵败如山倒，国破家亡，已是难以挽回了。

废赵竑，立赵昀。宋理宗就是赵昀。

撇开祥瑞的灵异现象与造神形象，其实宋理宗的出身，非常平凡。根据张金岭《宋理宗研究》的说法，首先，赵昀出生在从九品的县尉之家，县尉还在县丞、主簿之下，负责管辖兵士巡警等治安事宜。再者，宋理宗虽是宗亲家族，亲缘关系却非常疏远，远到几乎发现不了他的存在。

当然，如果是刻意发掘，又是另一种层次的政治考虑了。

根据张金岭先生的考证，他认为史弥远下定决心，想以赵昀取代赵竑，时间大概是在嘉定十三年（1220），景献太子赵询死后。照理说，以皇太子赵询（初名赵与愿，六岁时，赐名赵曮，后改名为赵㢙，史称景献太子）对他的信任，宋宁宗百年之后，现任太子继位，史弥远的位置应该是更稳定的。

偏偏意外发生。

嘉定十三年（1220），赵询以二十九岁的年纪，正当壮年，竟然去世，谥号为景献太子。

这时，史弥远五十六岁。

来年，嘉定十四年（1221），宋宁宗决定立自己的养子赵贵和为太子，并把他的名字改为赵竑。我们后世的读者，站在事后的角度，当然知道宋宁宗死于嘉定十七年（1224）八月。离宋宁宗立赵竑为太子时，不过两三年的距离。

没人知道未来会发生什么事。

可以确定的是，赵竑非常不喜欢史弥远，他总认为史弥远不是好人，是小人，是奸贼，是权臣。《宋史》是这样子说的，赵竑喜好鼓琴，丞相史弥远为了讨好他，当然也为了巩固权势，安插耳目，安排了一个善于弹琴的美女，并送给赵竑，有任何风吹草动，立刻向史弥远禀报。美人知书达礼，长得好看，琴艺又好，赵竑很宠爱这个妹子，或许也是故意的，或许年少气盛、识"妹"不明，赵竑常在他面前说出心里话，包括对史弥远的不满，以及各种指责，甚至私下还称呼史弥远为"新恩"，意思就是说，有朝一日当他即位，就要把史弥远流放到新州或恩州。

私下言语，当然都被微信截图，传进史弥远耳里了。赵竑，也不知该说是小屁孩、年少轻狂，还是胆子愈来愈大。某次聚会，七月七日，史弥远送了一些奇珍玩巧的器物，赵竑竟然趁着醉酒，大发脾气，把东西摔烂打碎。

史弥远的政治敏感、人生阅历，自然远胜赵竑。他早就开始留心，也提高警觉——或许，此人不能存。不然，他登台之日，可能就是我人生谢幕之时。

废赵竑，立赵昀，其因在此。

宝庆元年（1225），也就是新皇帝宋理宗赵昀正式即位的第一年。几个月前，被史弥远废掉的赵竑，又被野心阴谋家搞了一次。

湖州人潘壬与其弟潘丙谋，两人计划推翻政府，想要以重立赵竑为皇的方式，作为政治宣传，呼吁各方响应，转发信息，成立勤王军。赵竑事先得到消息，他不想再玩了，就躲起来，藏在贮水之地窖，还是被潘壬、潘丙发现。落魄王孙，落难贵族，实在身不由己。被强迫，又推又拉到州治，潘壬与潘丙等人，竟然把准备好的黄袍套到赵竑身上。赵竑吓坏了，不断哭泣，他知道是玩不赢史弥远的。不断跟潘壬、潘丙求情，请他们放过自己，被拒绝。众人取用军资库金帛、粮饷等，用来犒军，又到处发放消息，责备史弥远，擅自废立，无人臣之礼，并号称自己率领精兵二十万人，水陆进击，要史弥远付出代价。

结果，天一亮，明眼人一看，哪来的十几二十万人，都是太湖地区的渔夫贩夫走卒，百余人而已。赵竑差点晕倒，此情此景，几乎不敢相信自己的眼睛。这不是在开玩笑吗！

赵竑自己解决，率州兵围剿这群神经病。又派遣王元春，赶紧入朝，坦白从宽，证明自己的无辜，以示清白。史弥远听到消息，命令殿司将彭任，组织军队，前往平定，军队还没到，赵竑已经处理完毕。

可是，那又怎样呢？史弥远，会相信赵竑的一面之词吗？会放过他吗？

果不其然，史弥远听说赵竑生病，打铁趁热，他派了秦天锡去为赵竑治病，赵竑本来就没病，真要说有病，是当太子时的过度嚣张，被废太子之后，过度倒霉。没多久，秦天锡见到了赵竑，话说得很明白，你活不成了，去死吧！

赵竑被强迫就范，上吊自杀。

另外一种传闻，若根据周密《齐东野语》的说法，赵竑并非自杀，其实比上吊更惨，被发现时，死因不明，死状凄凉。见到尸身时，看到锦被覆于地，口鼻皆流血，沾渍衣裳，看来是被谋杀，并非缢死。

事情发生之后，宋理宗赵昀听到消息，正沉吟间，给事中盛章、权直舍人院王塈等人，一再建议，希望能给予赵竑比较公平的待遇。宋理宗追封赵竑为少师、保静镇潼军节度使，又慰抚遗孤银绢各一千、会子万贯。没多久，大概是史弥远的意思，他要右正言李知孝不断上奏，于是赵竑又被追夺王爵，降为巴陵县公。

《宋史》最后对史弥远的评价是，韩侂胄专权，执意北伐，劳民伤财，落得身败名裂，不得好死的下场。史弥远杀了韩侂胄，除国贼，安百姓，之后又集权了十七年。宋宁宗死后，史弥远自把自为，擅自废立（赵竑），此举已非宋宁宗本意。宋理宗继位之后，史弥远又独揽大权九年，擅权用事，专用自己人。宋理宗对他又爱又怕，想起自己由他所立，过度看重私情，不思社稷大计，所以虽有许多人举报他，却依旧受到重用。史弥远死后，宋理宗非但不秋后算账，还宠渥优待史弥远的后代，甚至为他制碑铭，题首数字，以褒其荣："公忠翊运，定策元勋。"可惜了赵竑不得其死，当年此事闹得沸沸扬扬，有识者群起而论之，为赵竑抱不平，辨冤白谤，史弥远不但不反省检讨，还任用李知孝、梁成大等鹰犬，不遗余力地反击，一时之间，正人君子纷纷贬窜斥逐，流放边疆。

根据方震华《破冤气与回天意——济王争议与南宋后期政治（1225—1275）》的研究，因为宋理宗即位，以及赵竑死状不明的争议，当然还有大家对史弥远的恶感。特别是对于赵竑的定位，影响南宋后期政局甚巨。当时许多儒生，例如魏了翁、真德秀等人，认为处理赵竑的事情，牵涉到纲常伦理，绝对不能随便。纷纷上书，希望宋理宗给予追赠，并指定后嗣。史弥远死后，宋理宗亲政，追赠了赵竑官爵，不过并没有同意为赵竑立后。

在此之后，不论天灾、战争、异象等等，每当国事不顺，有些问题发生时，总有官员或是士人上书谈到赵竑问题的处理不当，才导致如此如此、如何如何云云。

在那个时候，甚至有种看法，认为襄樊失守，蒙古大军长驱直入，都是因为上天不够眷顾南宋。南宋衰败，原因很多，其中主因，就是君主不肯给赵竑之死一个合理的解释与处置，导致冤气不散，老天爷震怒，下降灾祸到国家社稷。宋人周密《齐东野语》就说，咸淳十年（1274）宋度宗去世，幼子即位，就是宋恭宗。宋恭宗还在襁褓之中，谢太后垂帘听政。元朝大军，渡过长江，浩浩荡荡，愈来愈接近临安。常楙又再度进言，赵竑之事，错不在赵竑，却不得好死，已是天大冤枉。又不为他立后，于情于理，更是说不过去。匹夫匹妇之冤，犹能召飞霜枯草之灾，何况曾经是立为太子的赵竑？宋理宗以来，疆土日蹙，灾变日至，岂不是因为赵竑死得太窝囊、太冤枉，逼其含恨而死，所以赵竑在阴间哭诉于先人，才导致今日兵败如山倒的颓势？为赵竑立后，为南宋帝脉了此一段未为之事，方是挽回天意之机。终止国家厄运的办法，千万不要再错失了。

不过，还是没有得到同意。

当元朝蒙古大军逼近临安城下，赵竑又再次被人提起，希望能为赵竑立后，藉此消除上天的不满，安抚朝臣百姓之心，平息众怒，如此一来，"天意"才有可能影响国运，拯救大宋于水火之中。中书舍人王应麟，就上书请求，将赵竑的封国改为大国，再次强调要为其立后，迎善气，销厄运。南宋领导谢太后等人也终于同意了。南宋德祐元年（1275），宋恭帝下诏，追赠赵竑为太师、尚书令，升封镇王，改谥昭肃，又择宗室为其后，延续血统。南宋政府并且派出王应麟到赵竑墓前祭拜。王应麟在《祭济王文》中就说，如今强敌到来，南宋国运，荆棘难行。我们夙夜兢兢，悔过不安，特别是对于当年的冤情，藉此机会，仰成祖宗厚睦之心，以赠太师，进封大国；又赐以令谥，命大宗正，选宗族亲属为赵竑的后人，赐田万亩，并命列相关单位，修崇保护赵竑墓地。

《祭济王文》又写道：赵竑皇子，英魂如在，歆我邮章，默相阴佑，亟殄强敌元朝蒙古，扶持南宋，保佑生民百姓。祖宗在天，寔宠嘉之，王之春秋享祀，永远永远！

元代郑元佑在《遂昌杂录》中，甚至提到有人还把独松关与赵竑联结起来。前面已经说过，独松关与幽岭关、百丈关合称"独松三关"，是首都临安的重要屏障，抵抗北边的攻击与侵略。郑元佑说南宋道士邓山房，绵州人，讳道枢，以斋科精严，在宋理宗、宋度宗两朝，颇受重用。某日，谢后对邓山房说，她昨晚梦到赵竑，横眉竖眼，怒气勃勃，说他即将率领将兵，由独松关而进，报仇雪恨，灭南宋，亡社稷！谢后很担心，焦虑不已，特旨要邓山房前往南高峰顶，做法事，行斋戒，哀告上帝，祈福消灾。

宋末元初的方回，在《桐江集》中，他对宋理宗始终不为赵竑立后感到不齿，非常不谅解。认为宋理宗亲政之后，应该举发史弥远之罪，发棺戮尸，说清楚讲明白，播告天下，伸张公义，才是王道正理。结果，因为自己与史弥远的暧昧关系，囿于私恩而不讨贼，则是无父、无君，又怎么能续永天命，让人服气？

如果能处理史弥远，郑清之当年与史弥远同谋，也应该一并处理，如是，则宋宁宗等先人，在天之灵，可以少慰。赵竑也因此辩冤白谤，怒气可以平息，将无词于上帝，祖宗亦不至于赫然震怒，降威惩罚，几亿人都惊呆了。只是宋理宗计不出此，又以宰臣之位，酬奸赏逆，导致福力尽而冤气应。赵竑死不瞑目，心有不甘，诉冤于上帝、祖宗，终于事情沦落，不可收拾，南宋福尽而百姓受罪，实在愚蠢又悲哀啊！

讲完了赵竑的事情，我们接着来看文天祥。

宋恭帝投降，临安陷落。杨淑妃在杨亮节的护卫之下，带着两个儿子（益王赵昰、广王赵昺）出逃。到了浙江金华，与陆秀夫、张世杰、陈宜中、文天祥等人会合，于是南宋流亡政府，以赵昰为天下兵马都元帅，赵昺为副元帅。伯颜继续南下，希望能剿灭南宋。益王赵昰等人逃到福州，赵昰登基成为皇帝，为宋端宗，改元"景炎"，生母杨淑妃为杨太后，弟弟赵昺则被加封为卫王，张世杰为大将，陆秀夫为签书枢密院事，陈宜中为丞相，文天祥为少保、信国公。

元朝至元十四年，南宋景炎二年（1277），福州被元军攻克，宋端宗又逃亡泉州。张世杰与泉州城舶司、阿拉伯裔商人蒲寿庚有嫌隙，素来不和，要求借船被拒绝，蒲寿庚更是直接投降元朝。张世杰无可奈何，只好抢船出海，流亡政权移师广东。宋端宗逃亡雷州，却遇到台风，在船上差点落水溺死，也因此生病。

没多久，宋端宗病死，7 岁的弟弟卫王赵昺登基为皇，年号"祥兴"，陆秀夫为左丞相和太傅。他们逃到厓山，在当地成立行宫。

一般来说，南宋祥兴二年，元朝至元十六年（1279），崖山海战，南宋失败，全军覆没，绝望的陆秀夫背上宋幼主跳海自尽，南宋政权正式灭亡，消失在历史上。

但就某些特定史观来看，南宋真正的灭亡并非此年，而是指文天祥身死。

我们先说厓山海战，又称崖门海战、崖门战役、崖门之役等，是南宋与元军的关键存亡之战。王曾瑜《南宋亡国的崖山海战述评》，根据王曾瑜的判断，临安沦陷之后，南宋朝廷可以有三种路线：第一种，是陈宜中的建议，逃到今天越南南方的占城，对这个想法的可行性，南宋也派出情报探子，前往占城谕意，不过事情终究不成。二是海南岛，只是那时的海南岛属于荒凉之地，并不发达，多是被流放的罪犯。睽诸史料，尚未见人提出此点，只是作者自己的推断，只是海南岛的地理或大小，都会比厓山好上许多。最后则是张世杰的计划，就在广东沿海，继续流亡，寻找落脚点，辗转逃亡。四处漂泊之后，最后选择了广州新会县的海岛厓山。

厓门，在广东新会。因东有厓山，西有汤瓶山，延伸入海，就像一扇开掩的门，故名厓门。厓山的地形，文天祥曾说过厓山乃海中之山，厓山、汤瓶山相对延裹，中间有水，山口如门。元代吴莱《南海山水人物古迹记》，说厓山在广东新会南方，山有两崖对峙，海潮出人。南宋绍兴年间，曾置戍所，南宋幼主南迁，卫王赵昺就结营厓山于海中。《道光新会县志》，也记载厓山的地形，汤瓶山过海，则为厓山。厓山与汤瓶山，对峙如门，又称为厓门。南宋亡于此地，后人临此，古今凭吊，抚摸历史，唏嘘感慨。厓门门阔仅里许，每次大南风起，海水从外海排阔而入，浪奔浪流，万里滔滔，江水永不休，怒涛奔突，浪涌如山，其势益大。观潮水，有所谓"厓门春浪"，最为奇观，海水有时又分为清、浊二色。王曾瑜就认为，厓山地处珠江入海口，有时会有清、浊二色，可能是因为江水与海水，彼此交汇之故。

厓山海战，宋元双方，号称投入战事者，有 30 余万。元军以少胜多，打败南宋，南宋全军覆灭。赵昺舟大，且诸舟相连，陆秀夫眼见无法脱逃，对赵昺说国事至此，陛下当为国死。德佑皇帝宋恭宗被俘虏，有害国体，有损大宋尊严，陛下不可再辱！说罢，便背着 8 岁的赵昺跳海自杀。

文天祥早在海丰，已被拘禁，目睹南宋大败。又作诗《二月六日，海上大战，国事不济，孤臣天祥，坐北舟中，向南恸哭，为之诗曰》悼念。全诗如下：

长平一坑四十万，秦人欢欣赵人怨。

大风扬沙水不流，为楚者乐为汉愁。

兵家胜负常不一，纷纷干戈何时毕。

必有天吏将明威，不嗜杀人能一之。

我生之初尚无疚，我生之后遭阳九。

厥角稽首并二州，正气扫地山河羞。

身为大臣义当死，城下师盟愧牛耳。

间关归国洗日光，白麻重宣不敢当。

出师三年劳且苦，只尺长安不得睹。

非无虓虎士如林，一日不戈为人擒。

楼船千艘下天角，两雄相遭争奋搏。

古来何代无战争，未有锋猬交沧溟。

游兵日来复日往，相持一月为鹬蚌。

南人志欲扶昆仑，北人气欲黄河吞。

一朝天昏风雨恶，炮火雷飞箭星落。

谁雌谁雄顷刻分，流尸漂血洋水浑。

昨朝南船满崖海，今朝只有北船在。

昨夜两边桴鼓鸣，今朝船船鼾睡声。

北兵去家八千里，椎牛酾酒人人喜。

惟有孤臣雨泪垂，冥冥不敢向人啼。

　　六龙杳霭知何处，大海茫茫隔烟雾。

　　我欲借剑斩佞臣，黄金横带为何人。

　　文天祥从长平之战谈起，到楚汉之争，战争本来就是有胜有负，有赢有输，只是苦了生民百姓，从一家哭到一路哭，流尸漂血。身为大臣，国亡君死，自己本也不该独活，不料为敌所擒。如今元兵从北南下，离家八千里，如今胜利得归，带着喜悦，一船鼾睡声，只有我孤臣雨泪垂而已。而大海茫茫，烟雾迷离，我们又该何去何从呢？回忆从前，只想借剑斩佞臣！如今只能万事休矣，冥冥不敢向人啼！

　　最后，文天祥的遭遇，大家也耳熟能详了。元朝至元十九年（1283）十二月，文天祥从容就义。

　　根据温海清《文天祥殉节与宋亡历史观》的研究，文天祥殉节事件，导致有南宋不亡于厓山之崩，而亡于文天祥燕市之戮的说法，这是另一种义理史观。也就是说，在某些人的定义之中，真正的宋亡，并非南宋祥兴二年，元朝至元十六年（1279），而是元朝至元十九年（1283）十二月。

　　黄溍为文天祥祠堂作有《祠堂记略》，文中就说南宋之亡，不亡于皋亭之降，而亡于潮阳之执；不亡于厓山之崩，而亡于燕市之戮。而揭傒斯在元朝元统二年（1334）更说，文丞相被斩首燕市，结束三百年火德之祚。依据五行相生的原理与顺序，后周为木德，木生火，所以宋朝以五行的"火"为运，并以红色为国朝正色。南宋亡于文天祥之死的史观，到了清代《澄海陆丞相祠祀议》，也有类似的言论，祀议说当宋之亡，一亡于南海之溺丞相，再亡于燕市之杀。

南宋邓光荐的说法最为重要，邓光荐着有《续宋书》《填海录》《德祐日记》等，特别是《填海录》一书，是根据陆秀夫手书日记而写成。邓光荐对于文天祥的事迹与个性思想等等，了解颇深。邓光荐所作《丞相传》，可能是关于文天祥最早的一篇传记，我们今天可从文天祥的《纪年录》，在后人所作的相关补注之中，读到部分的内容。邓光荐的《丞相传》所叙，以元朝至元十九年（1283）十二月文天祥被处死事最为详细。温海清整理之后，分成九个重点，分别是：（1）二月，南人谢昌元、王积翁等十人，谋合奏，请以公为黄冠师，因出现分歧，未及上奏；（2）八月，王积翁、谢昌元在文天祥与忽必烈之间劝说、游说，无果；（3）参政麦述丁曾目睹文天祥在江西的影响力，认为应该要处死文天祥，以免后患；（4）十一月，中山府薛保住聚众，欲劫狱救文天祥，元朝政府将赵氏宗族迁往上都；（5）十二月初八日，忽必烈召见文天祥，劝谕其降元，遭到拒绝；（6）十二月九日，有宰执臣奏请赐死文天祥，麦述丁从旁力劝，忽必烈最终同意，处死文天祥；（7）文天祥向南三拜之后，引颈就戮，当时有驰骑奔来，要再听圣旨，可是受刑已完毕，始终来不及；（8）十二月十日，欧阳夫人得旨收尸；（9）文天祥被杀，这时，连日大风，白天无光，风云变色。

以上事项，在诸多的"文天祥传记"中，例如宋末元初的龚开《宋文丞相传》、年代稍后的郑思肖《文丞相叙》，以及元代赵景良编的《忠义集》，收有《文天祥传》、元代中期刘岳申《文丞相传》，都可以看到邓光荐《丞相传》的影响。

这些记载，都透露出一种可能：文天祥活着，代表南宋也活着。兴复宋室，还有希望。当时便有元朝官员主张，绝对不可以释放文天祥，不能留活口，以免后患。因为文天祥具有很大的影响力，若饶文天祥不死，元朝会有无穷的麻烦。就算南宋皇帝都死了，只要文天祥还活着，人心仍可再聚集，始终不散，南宋复国运动，就不会停息。

事实上，从至元十六年（1279）到至元十九年（1282），短短几年，南方多反元活动不断，甚至两度出现建国、称号的政治事件。到了至元二十年（1283），广州新会县林桂方、赵良钤等聚众，号罗平国，称延康年号。同年又发生建宁路管军总管黄华叛变，众领几十万军民，号头陀军，称宋祥兴五年。以上民变军变也都说明了，只要文天祥不死，也不投降，就会有很多遗民，存有希望，把文天祥当作南宋存灭的象征。有文天祥的地方，恢复南宋，仍有可能，大有可为。

也因为有这样的心理，所以也才会出现"文天祥死，等于南宋灭亡"的史观。到了明末清初的孙奇逢，仍抱持这种看法，他就说文天祥此身一日不死，便是大宋一日不灭，可见影响深远。

不过，有死就有活，好死不如赖活着，也是一种说法。我们谈完文天祥，在本书最后一节中，来讲讲南宋降将们。

三、战死与投降：论南宋降将

吕文焕在襄阳城投降蒙古之后，他不是第一个，当然也不是最后一个。

前面说过，吕文德自己有本事，与贾似道关系也很好。吕文德身担大任，富贵职称，名满天下，该有的都有了。更何况，不只他一人得利而已，也不是他一家有好处而已，同时代的黄震，在《古今纪要逸编》中就说，吕文德位高权重，朝中关系又好。因为贾似道的信任，还有自己的战功，沿边数千里皆归其控制，所在将佐列戍，几乎都是他的亲戚、私人、友朋、小弟、老乡，真可谓一人得道，鸡犬升天。更何况吕文德的身边，也不全是鸡狗等滥竽充数之人。本身能力，鸡狗不如者有之，不过才干过人智勇双全者，也有不少。

就目前资料来看，关于"吕家班"的成员，大概有夏贵、范文虎、苏刘义、张世杰、孙虎臣、吕文焕、吕师夔、吕文福、管景模以及陈岩父子等等，吕家班的人际网络，一人又一人，一层又一层，彼此联系，送往迎来，应酬周旋，盘根错节，你帮助我，我关照你。

由此可见，吕文德死后，吕文焕死守襄阳。当他决定投降的那刻起，忽必烈心中已在盘算，得到此人，该如何发挥最大效用？从吕文换投降后，在元朝所任的官职来看，参知政事、行中书省于荆湖、江东道宣慰使、官任中书左丞，依旧负责安抚江南未降州县、江淮行省右丞，可见得忽必烈知人善任，很清楚"吕家班"，以及吕文德旧部的人际网络。

果不其然，吕文焕降蒙古之后，先是率领蒙古兵东下鄂州、安庆、九江等地。亲友部曲，手下故交，吕文焕都尝试接触，希望他们也能跟着投降，效果都不错。例如鄂州都统程鹏飞、沿江制置使兼知黄州陈奕、总管石国英，都听了他的话。丁家洲之战，贾似道率领大军，"吕家班"的成员也不少，也都跟着军队，不过竟然一个接一个投降，管景模、陈岩、吕师夔、钱真孙、管如德，以及殿前都指挥使知安庆府范文虎，都撑不住了，跳槽蒙古。

"吕家班"成员投降后，还有吕文焕的族弟吕文福。本来吕文焕投降后，吕文福觉得有连带责任，请辞官职。对于吕文焕，朝中议论纷纷，痛骂者有之，不齿者有之。《宋史》记载，吕文福还为吕文焕讲话，认为非其本意，留得性命在，不怕没柴烧，应该还有后招儿。李庭芝不相信，吕文福信誓旦旦，要李庭芝不要冤枉好人，坏了大事。南宋朝廷将信将疑，不接受吕文福的辞职，希望他好好干，勉力捍御，为家族雪耻，争回一口气，毋坠家声。没多久，还命吕文福为常德、辰、沅、澧、靖五郡镇抚使，知沅州。

元朝至元十二年，南宋德祐元年（1275），元军伯颜大军南下，吕文福率军抵抗。南宋朝廷大概是不放心，吕文福出兵时，还特地派出使者，追上吕文福军，勉喻褒奖，要他好好工作，勿忘国家，勿忘国恩。不料使者到了吕文福处，话都没说上几句，就被吕文福杀掉。其实，吕文福早就决定了，率领部队投降元军。

不过，有人投降，自然也会有人不愿意。《宋史》就说新城守将边居谊，在接到吕文焕招降的消息之后，虚与委蛇，假装同意，目的就是把吕文焕引来。吕文焕中计，亲自到城下时，边居谊一声令下，弓箭手立刻发射，城上伏弩乱发，箭如雨下，差点把吕文焕杀死。

此外，根据王茂华《宋蒙（元）战争中的南宋降将考》的研究，投降蒙古的南宋将官，还有马步军副总管、沿江制置司帐前都统徐王荣，建康府都统翁福、茅世雄，镇江府马军总管石祖忠、平江府都统制王邦杰、原广南西路马步军副总管周全、嘉兴府安抚刘汉杰，以及湖北安抚副使兼知岳州高世杰、荆湖安抚使朱撰孙、利州西路马步军副总管罗璧。

甚至连名将湖北制置使兼安，知江陵府的高达，也投降蒙古，而淮西安抚制置使夏贵，在元朝至元十三年，南宋德祐二年（1276），率领淮西州郡向元军投降。淮东制置副使知扬州朱焕随，泰州守将孙良臣，都统曹安国、孙贵、胡惟孝等也先后投降元朝。在四川等地，投降元军的将领，还有鲜汝忠、成都路安抚副使兼知嘉定府昝万寿、推官唐奎瑞、乐胜城守将蒲济川、石城堡守将潭汝和、鸡冠城守将杜赋等等。

高达降元之后，工作性质与吕文焕类似。忽必烈认为湖南州郡多为高达旧部，因此要他发挥影响力，深入故人，对那些未投降的，怀柔招纳。于是在阿里海牙、高达、李恒的利诱威逼之下，没多久，湖南州郡，相继归降，估算之后，兵不血刃，不费吹灰之力，共得到一府、六州、二军、四十县。

而潭州守将刘孝忠、吴继明，浙东制置使李环、许浦都统制祁安等人，都无法支撑，向蒙古董文炳军投降输诚。

元朝至元十三年，南宋德祐二年、景炎元年（1276），元朝蒙古军队，进入南宋首都临安，5岁的宋恭帝被俘虏，临安失陷。陆秀夫、文天祥和张世杰等人，往南逃去，陆续又立了宋端宗与宋幼主，延续南宋国祚。一方面，有人千辛万苦，明知不可为而为之，为南宋国脉，奔走不停；另一方面，有人不断投降，为了自己的生命，保全妻儿子女、家族安全，一个接一个，举旗解甲，跳槽换老板。

反正，死节的理由只要一个，投降的原因可以有千万种。

南宋撤退，蒙古进逼，一攻一守，一退一进之间，有人牺牲，有人投降。蒙古军得到临安之后，继续向广东进军。广东经略使徐直谅，派了梁雄飞到元朝处，献上降书。徐直谅又听到赵昰登基为王后，不愿意投降元朝，反悔了。这时元军江西都元帅宋都带，早带着梁雄飞、黄世雄等人，杀向广东。徐直谅坚决对抗，不过战情不顺，李性道、谢贤、陈实投降，黄俊被杀死。就连徐直谅自己，随着政治局势变化，也找上蒙古元军的李恒，再度跪降。

江西都元帅宋都带，得到江西宋军反攻的消息，与李恒联手，前往建昌，阻遏南宋的攻势。从南丰打到兜港，再到赣州，南宋的军队，吴俊、张文虎，甚至是民兵陈捷、江七龙等等，尽皆不敌，傅卓投降，多名将官或战死或被俘。

这个时候，忽必烈正在处理本身的内部问题。稍作整理，重新部署之后，分三道追击南宋，一路由庆元航海趋闽，一路由江西攻闽广，另一路则是目标广西。兵威到处，闽广诸郡，如连、韶、潮、德庆、南雄、兴化军等州郡相继归降。另外，江西制置使黄万石、王积翁、刘自立等人，也纷纷缴械，向元朝投诚。厓山海战，如招抚使翟国秀、方遇龙等等，大多不敌，只好放下武器，不作抵抗，投降元军。南宋流亡政府覆灭，四川涪州安抚阳立、铁架城守将杨宜、三宝城守将黎拱辰、梁山城守将袁世安、重庆守将赵安、部将韩忠显，夔州安抚使张起岩、张万，合州安抚使王立等人，先后也都认输。

关于投降与不投降，根据王茂华《宋蒙（元）战争中的南宋降将考》所说，并非要或不要、投或不投、发起或不发起的二分法而已，有些人在两者之间，多有反复，变来变去，另有曲折。前面说到的广东经略使徐直谅，就是一个例子。南宋都统熊飞，也是另外一例，熊飞曾与文天祥合作，后来在江西又被李恒、黄世雄生擒，几番劝诱之后，决定投降。仕元以后，与降将黄世雄、梁雄飞等人相处不洽，翻脸不认人，熊飞不愿再与他们共事，逃回老家，杀死元朝将领姚文虎。熊飞高举南宋大旗，以义起兵，打着反元复宋的名号，与新会曾逢龙攻克广州，陆续收复韶州、南雄，群军驻守梅岭。元朝得到消息，派出同是降将的吕师夔直击梅岭，双方交战，熊飞战败，退守韶州，将领刘自立却开城迎接元军，准备投降，熊飞进退不得，战死沙场。

特别可以讲的故事，还有王立。《宋史》《元史》，王立都无传。要了解他的事情，必须参考《宋史》的《张珏传》，还有《元史》的《世祖本纪》《李德辉传》《贺仁杰传》《吕域传》等等。史家对王立的评价，颇有争议，有人说他投降，没有气节，特别是受到美色的诱惑，更是丢人现眼；也有人赞赏他即使投降，也不接受元朝的封赏，天命如此，不可违逆之时，他愿意牺牲自己的名声节操，保全城内百姓的性命生活。

王立降元的始末，正如姜家霖《从王立形象的塑造定位看钓鱼城文化遗存与地方互动》所说，除上述的史料之外，《户县碑刻》所载《大元光禄大夫平章政事商议陕西等处行中书省事贺公墓铭》、明代万历《合州志·钓鱼山（无名氏记）》，则较为详尽可信。王立驻守钓鱼城，如前几章谈到的，钓鱼城防卫坚固，余玠等人，花下无数心血力量，打造了铜墙铁壁。蒙哥在此受挫，因而殒命，可见钓鱼城的防线，确实强大。王立死守钓鱼城，从元朝至元十二年，南宋德祐元年（1275），到元朝至元十六年，南宋祥兴二年（1279），四五年之间，与蒙古对抗，积怨甚深，杀伤不少。当南宋流亡政府坚持不下去，厓山海战彻底战败时，王立开始考虑投降的问题，不过元朝内部议论纷纷，西川行院李德辉，认为应该要同意招降，东川行院汪惟正，极力反对，反对一方，甚至还引用蒙哥的遗言，若得此城，必定屠之，报当年之仇。

既然是先人的遗言，蒙哥之死，与钓鱼城又息息相关。忽必烈踌躇间，考虑再三，后来在王立的义妹，也是李德辉表妹熊耳夫人的出面协调之后，熊耳先是趁着兵乱之际混入城中，靠着自己的外貌与能力接近王立，然后劝说王立投降，动之以情，说之以理，有此重要缘故，王立才接受李德辉的招降。

熊耳夫人本姓李，因是元朝将领熊耳的夫人，人称熊耳夫人，据说容貌姣好，王立非常喜欢她，着迷不得了。

王立投降，也有条件，就是要求元朝蒙古军得到钓鱼城之后，不杀一人，忽必烈同意了。交城之日，三十余名守将，却也自刎殉宋。当李德辉调离西川，与李德辉有嫌隙的东川枢府，当年就建议李德辉不要接受王立，但被李德辉否决了。如今趁机抓住王立，要求处死。东、西两院，僵持不下，各有自己的坚持与道理。经过许多折中与协调，最后忽必烈决定，留下王立的命。

从上述诸人的经历与结果看，殉国者不少，投降者也多。对于投降的状况，我们大概可以分析出几种类型。就个人来看，每个人投降的原因，从自己的口中说出，都可以讲得跟别人不一样。如果以整体来看，却也有很多地方是一致的。当然，人的心里是很复杂的，不会只有单方面的某个因素而已，九曲羊肠，交织而成，扪心自问，或自知或不自知，是骗别人还是连自己都骗，真真假假，彼此互为因果，才是人性。

其实，有些人投降的主因之一，除了怕死之外，还有贪恋荣华富贵。当元军来到寿昌，招降一出，陈奕毫不迟疑，立马表示愿意，还说出条件，希望元军可以给他的，比在宋朝更多。伯颜同意，陈奕喜不自胜，开开心心投降，不在话下。范文虎投降之后，也有人看不下去，郑真在《论范氏》中就说范文虎弃君、叛国，都是因为图取富贵，他的财产之盛，更是遍及东南。有的人投降，或是有着私人因素，也为了生民请命，如王立。

至于降后的态度，有人觉得可耻丢脸，平时可能还好，一旦被提及，戳破心事，就面红耳赤，答不上话，心里感觉好像席勒《美育书简》自嘲："在成群结队中过着漂泊的生死，永远只是充数。"例如，文天祥骂过吕文焕。也有人觉得活着才是正理，投降其实没这样严重，文天祥就说在阳罗堡兵败东撤，夏贵早就无心于国家，纵兵放火、烧伤掳掠，打算回归庐州，解甲而逃，夏贵投降是迟早之事。也有人强自辩解，合理化自己的行为，吕文焕也做过这样的事情，如前面提过，他写给皇太后的回信，我们观察信中内容，从他的许多解释便可知晓。

南宋对于这些降将，因为事态紧急，行政失灵，自顾不暇，真的要惩处连坐、追讨封赏，恐怕也是力有不及，处理不完。效率不彰，只能睁一只眼闭一只眼，装作没看到罢了。事情也有例外，《宋史》就记载，元朝至元十二年，南宋德祐元年（1275），南宋梅应春投降元，元军仍要他原职留守，于是梅应春依守泸州。隔年，南宋反攻，四川制置副使张迁派遣部将赵安、王立等率军进攻泸州，梅应春竟然打输了，被南宋军队抓住，叛国有罪，剁成了肉酱。

其实，降与不降，没有一定的标准，从现在的法律或是道德层面来看，与南宋当时的状况未必相符。时代不同，古今各异，陈寅恪在《冯友兰中国哲学史上册审查报告》里就说，"然史论之作者，或有意，或无意，其发为言论之时，即已印入作者及其时代之环境背景，实无异于今日新闻之社论时评"。所以要同情，要了解，"对于古人之学说，应具了解之同情"。陈寅恪所说者，虽是讲研究中国古代哲学史的学者，可是扩大来看，我们读史阅世，知人论事，也应该如此。

《菊与刀》的作者，美国学者鲁斯·本尼迪克特（Ruth Fulton Benedict）在第二次世界大战快结束时，曾运用当时的显学，例如文化类型理论、文化人类学方法，研究日本的民族性。如今看来，难免有过度机械、硬套理论、削足而适履之嫌，但她作出的分析，仍有许多经典意义，深入洞见、充满智慧的提问以及观察，可供我们参照。例如她认为日本民族，对于兵员消耗理论最极端的表现，就是他们的不投降主义。相较于这种极端的观点，西方任何军队在尽了最大的努力，依然寡不敌众、毫无希望之时，便会向敌军投降。即便如此，他们仍然认为自己是光荣的军人，而且根据国际协议，他们也不该因而受辱，抬不起头，家人也不能受到不平等待遇。因为保家卫国，"保家"与"卫国"之间，没有轻重。

反过来看，日本却不如此，荣誉就是战斗到死。在他们的认知中，绝望的情况下，日本士兵应当用最后一颗手榴弹，进行自杀，或者赤手空拳冲入敌阵，进进攻，反正就是绝不应该投降。万一受伤后丧失知觉，当了俘虏，他就会感到"回国后再也抬不起头来了"。他丧失了名誉，对于从前的生活来说，他已经是个"死人"了。

日本的民族性，确实深植此种思维，类似于武士道精神，魂与体，如何展现在大和民族身上，相关研究也很多。当然，也不可能对每个日本人都能适用，要是西方军队，也未必皆如作者所讲，真的把投降当作常事，仍然认为自己是光荣的军人。其间到底占了多少比例，仍有待分析。

从鲁斯·本尼迪克特的提问来看，我们可以反思，投降与不投降，或战死殉国，或保存身家性命，依据法令的不同、舆论的环境，甚至是评论者自己的立场，都可以影响到我们的判断，言人人殊，投降就难有对或不对的绝对答案。

对于这种两难，在中国古人关于忠孝的思考中，也有讨论。《韩非子》就说楚国有直躬，父亲偷羊，儿子决定举发；又说有一位鲁国人，上场打仗，为国尽忠，打了三场，输了三场，孔子问他怎么回事，他说自己不敢尽力，因为家里还有老父，战死沙场，父亲怎么办？楚人举报自己老爸，自以为忠；鲁人打仗，别人往前他往后，原来也是为了老爸。韩非的结论，就是

"父之孝子，君之背臣也"——忠跟孝的冲突，"忠孝难两全"，由此可见。

三国时期，陈宫与吕布被曹操打败。陈宫与曹操有旧，有情也有隙，故人见面，恩怨情仇，一时俱起。陈宫认为没啥好讲的，为臣不忠，为子不孝，死是应该的，要求曹操处死自己。曹操丢了一个题目给陈宫，你死了，是尽忠，那你老母老婆怎么办？尽忠便不能尽孝。那么，你是要死呢，还是不死？曹操企图以"孝"打动陈宫，要他认错要他投降或是其他。陈宫反客为主、被动迎击，说如果曹操你真的这么讲究孝跟仁的话，就不该动我家人，我尽忠，所以我死，我尽孝，所以家人不死，而家人不必死，就是你的"仁"，把问题回抛给曹操。最后，曹操接受了陈宫的建议，终其一生待其家皆厚于初，又召养陈宫父母，帮助陈宫子女嫁娶。

以上这些讨论，很可以说明一些问题，我们看南宋降将，正如作家李敖在《蒋介石的被俘观》中曾以隋唐的屈突通与尧君素为例。屈突通是隋朝的好人好官，唐高祖起兵的时候，屈突通正为隋朝防守山西永济。屈突通率领部队，救援京师长安，结果被唐高祖困住。唐军派他的家僮劝屈突通投降，屈突通不愿意，杀了家僮；唐军又派他的儿子劝他投降，屈突通也不肯，还骂儿子说："以前同你是父子，今天是仇人了！"下令用箭射儿子。后来京师陷落，唐高祖从事心理战，屈突通的部队哗变，屈突通下马，向东南磕头，大哭说："我已经尽了全力，还是打败了，我对得起你皇帝了！"屈突通被五花大绑，解送到唐高祖面前。唐高祖笑说："怎么现在才来，太晚了些。"再度劝屈突通投降，屈突通说："我无法做到人臣该做到的，不能一死，所以被你抓到，实在丢脸。"唐高祖说："你是忠臣。"立刻派他做李世民的参谋总长。天下统一，唐太宗在凌烟阁画二十四功臣像，屈突通身属其中，功劳自然很大。当时人认为，屈突通是隋朝忠臣，也是唐朝忠臣，理由是唯其一心，虽跟两君，也是忠臣。所以，屈突通死后，魏徵提出屈突通是清白死不变者，他的忠心可靠，即便投降，也为唐朝上下所钦服。

另一个人，尧君素，他是屈突通的部下。屈突通投降后，招降尧君素，大家见面，彼此对泣，不能自已。屈突通说："我们输了，可是我加入的是义师，不是贼兵。义师所至，秋毫无犯，你也看在眼里。如今天下纷纷响应，事已如此，别撑了，还是投降吧！"尧君素不肯，责怪屈突通，怎么可以投降。屈突通辩白说："唉，你应该也明白，我已经尽全力了！"尧君素听了，说："对，你已经尽力，可是我还未尽过啊！我还可以！"死守不降，最后，城中兵少食尽，被部下所杀。

李敖又继续说，尧君素入了《隋书》，屈突通却进了《唐书》，萧条同代，结局各异，死后也被编进了不同的史书，为什么呢？

答案或许是和鲁斯·本尼迪克特所说的类似，因为他们尽力了。

死，活，投降，殉身，大概都不是重点。

尧君素为隋朝尽力，所以是隋朝的人，入了《隋书》；屈突通也尽力了，没有入《隋书》。李敖说，在情理上，屈突通尽过全力，又无碍其为忠臣，因为他所效忠的对象，随着他的尽力，已经改换，已经发生变化。他挣扎过，他努力过，他不一定非要死过才可以、才算数。合理的解释是：屈突通在尽过全力以后，他所效忠的对象，已不存在，隋室已亡；新兴的力量是天意与民意所归。他所效忠的对象并不比新兴力量进步。所以，他就做了两朝忠臣了。

孟子说过："可以死，可以无死，死，伤勇。"有的时候，可以死，也可以不死。真的死了，可能是对英勇的亵渎，便是此理。

当然，尽力战死，也可以同情理解，无关对错。可是，死，活，投降，殉身，可以是多方考虑的问题，例如城中百姓，例如老父老母、例如家庭未来的生活水平，例如舆论的压力等等，不一定跟个人绝对有关。可是，尽不尽力，一定跟自己有关，跟自己能不能诚实有关。

反过来说，志士仁人，有杀身以成仁，无求生以害仁，也可由此理解。

文天祥正是如此。前面讲过，为何有人把文天祥之死视为真正精神意义上的宋亡，从这个角度来说，也可看出些道理。

最重要的是，更别忘了，不害仁的求生，也值得我们去追求。

最后，当赵昰等人逃到福州，益王赵昰登基成为皇帝，为宋端宗，改元"景炎"，生母杨淑妃为杨太后，弟弟赵昺则被加封为卫王，张世杰为大将，陆秀夫为签书枢密院事，陈宜中为丞相，文天祥为少保、信国公。这年，郑思肖写下《德祐二年岁旦二首》，德祐二年，就是景炎元年（1276），忽必烈发布《归附安民诏》，希望能安定江南局势。

《德祐二年岁旦二首》，全诗如下：

第一首

力不胜于胆，逢人空泪垂。一心中国梦，万古下泉诗。日近望犹见，天高问岂知。朝朝向南拜，愿睹汉旌旗。

第二首

有怀长不释，一语一酸辛。此地暂胡马，终身只宋民。读书成底事，报国是何人？耻见干戈里，荒城梅又春。

郑思肖生为南宋人，死为南宋鬼，国遭大难，赤手空拳，却又难酬报君王之恩。第一首诗，无可奈何，逢人空泪垂。日思夜想，夙夜匪懈，一心一意，只想恢复大宋中国。可是世事艰难，大道多歧，明知不可为而为之，尽人事，听天命，朝朝暮暮，诚心诚意，向南膜拜祷告。希望有朝一日，守得云开，重见大宋旌旗。

第二首诗，国家有难，心绪纷乱，每次一说起这事，心酸流泪，不能自已。蒙古虽然得到这块土地，相信也不会太久。而我就算死了，还是我大宋臣民，终身不改，至死不渝。只是想想，读书一辈子，乱世之饭桶，又能为国家做些什么？政治混乱，国破家亡，众人纷纷投降，有骨气的，竟然没有几个！看到荒城梅花，再度开放，春去秋来，一年又一年，我很惭愧，浪费光阴，虚长年岁，又过一春！

南宋亡国后，郑思肖隐居苏州，终身未娶。他没死，但在政治上，已经是死了。他还活着，因为他尽力过。

后 记

2022 年 1 月，发生新冠疫情的两年之后，突变又生，德尔塔、奥密克戎一直未停，生活多受影响。身为大学老师的我们，教学、研究、交流也是如此，从线下到线上，到线上线下混合开会、上课，逼得大家只能适应后疫情时代的氛围。而"宋朝往事"系列第二辑——《襄阳保卫战：抵抗到最后的失守》，就在疫情反复以及期末忙碌之中，终于完成。

打从进入大学开始，课程结束，我都会刻意待到最后，从有到无，人去楼空，享受着最后一个人的感觉。放假了，这门课生发希望与失望，一缕飘散，云散风清，没有什么需要太在意的；这门课的愉快与不满，只会逐渐淡去，此景只待成追忆。天底下，能留住的东西，真的很少，无常恐怕才是永恒，孤独才应该是人生的美学。醒时同交欢，醉后各分散，醒醉之间，尚是二分，这种孤独毕竟是发生在热闹之后，产生于冷清之时。其实还有一种孤独，沦肌浃髓，在热闹中已涵有萧索，在欢聚中已感觉分离，在凝视中已预知消散，所以上课讲到兴高采烈之后，往往也是最孤独的时候。这不是有没有知音的问题，而是人生的某个阶段，或许就该享受这样的形态：贪痴嗔慢，莫名其妙，若有光，灵泉源源不绝，或总是不满足，渴望丛生，又似乎能随心所欲，地狱就是天堂，无间道走着走着，好像变成了腾龙大道。

不管是哪种，所以总喜欢上课，严格来说，应该是最后一堂课。我们的幸运是，每学期都会有的最后一堂课，周而复始，寻寻觅觅，不断重来。哎呀，不就是我们追求某些东西的实情吗？既济中有未济，起点可能才是终点，人生之无可奈何，或在此理。

每当写完一本书、一篇论文，也有类似的感觉。资料堆积如山，笔记涂抹圈点，线索丛生，却又纷乱如麻，这个事件或那个人物，那个地点或这个时间，因果性、共时性、偶然或必然，事不相凑，缘有相蒙，也可能彼此出于是，是亦因彼。诸多人脉网络，联系关于，直的平的弯的高的，或曲折或错综，或平铺或暗语，牵扯不断。《易经》说"无平不陂，无往不复"，果然如此。即便再乱，再复杂，经过史家判断、选择、裁剪之后，真相可能简化了，也可能清楚了，事实可能窄化了，也可能深入了，原因可能简化了，也可能找出问题背后的新问题。又或许，当史家作者进行理解，叙述化之后，一部书的最后一个字，一篇论文的一个句点，往往代表着一些心境。故事中的人事物，仍在继续，书写却不能不结束，掩卷停笔，或行云流水，终不能不止。于是过去的历史，目送着我们离开，人事之推移，理事之相因，而世道终纷拏，我们与书中人物各自努力，行者无疆。《庄子》说："送君者皆自涯而反，君自此远矣。""送君者"既可以是我们，也可以是写作的对象。

本书的撰写，再次感谢耿元骊和蔡伟先生的邀稿。本来，早在初高中时期，就特别喜欢射雕三部曲：《射雕英雄传》《神雕侠侣》《倚天屠龙记》。郭靖更是最喜欢的角色，没有之一。也因为青少年的阅读，影响太大，导致后来玩类似的金庸小说改编游戏，诸如网民自制版的《金庸群侠传》、手游、网游等等，我都坚持要使用郭靖，非要男主学会降龙十八掌、九阴真经不可。

当然，深入研究历史，才发现金庸描写、追述的襄阳城事，还是太单纯了。真正的故事，充斥着太多的热血、算计、恩怨、情仇、公私，以及各式各样可能发生在现实生活的大小状况。人事杂交，嗜欲纷起，蝇头之利，不肯相让，睚眦之怨，没身不解；或立场相左，始于可亲，终于可恨，相仇相杀，兴戈起戎，乃至于各说各话，末俗纷纭终乱真。

最后，本书完成的同时，度过了自己的 42 岁生日。临近中年，早就没有什么过生日、吃蛋糕的欲望。只是，四十年过去了，出了几本书，教过几门课，写了几篇论文，过得愈来愈像《楞严经》所说"妄认尘缘分别影事"，家事俗事琐事杂事学校事各种事，必须应付，不得不然。而身在尘缘中，成功或失败，难免都有些错觉。做了过河卒子，只能拼命向前，情愿不自由，大概也就自由了。

那些年，那些事，那些人，刻画过多少美丽的誓言，高中时埋下的秘密胶囊，应该还藏在孔子像下；年轻时为你写的诗，可能已被谱成了歌。回首向来萧瑟处，感觉做了很多，又似乎没做些什么，总觉得可以更努力，或许也该适可而止，往前走了好久，好像只是一阵烟。流水它带走光阴的故事改变了我们，遥远的路程昨日的梦，以及远去的笑声，昔日的与现在的，再次见面的我与我，经过多少历险，好像变得连自己都不太熟悉了。爱尔兰诗人威廉·勃特勒·叶芝（W. B. Yeats）老去时曾写诗说："我已梦得疲惫不堪。"（I am worn out with dreams.）幸好，不惑的我们，再怎样变，偶尔感到力不从心，愤愤难平，远路不须烦日暮，跌倒了，姿势也要帅帅的。就在那多愁善感而初次回忆的青春，明天太阳依旧升起，地球依旧转动，继续努力，功不唐捐，走过三十，度过四十，在学术的道路上。

窗外，又是下雪的季节，空中撒盐，落雨纤纤变玉霙，泥上痕爪，年华可念。人来了又离去，飞走的是过往，坚持的是志业，落下来，化作记忆的，是生命。